Natürlich Naturküche

Karol Kovacovsky

Natürlich Naturküche

Die schönsten Rezepte mit Gemüse und Getreide aus dem Restaurant Menuetto

AT Verlag

Mit grossem Dank
an all jene, die mich bei diesem Projekt
tatkräftig unterstützten.

2. Auflage, 1992

AT Verlag Aarau/Schweiz
Gestaltung: Hostivit Vlasek, Zürich
Fotografie: Marie-Theres Wenger, Wabern
Satz, Fotolithos, Druck: Grafische Betriebe
Aargauer Tagblatt AG, Aarau
Bindearbeiten: Buchbinderei Burkhardt AG, Mönchaltorf
Printed in Switzerland

ISBN 3-85502-419-7

Inhalt

Die angegebenen Mengen sind netto, beziehen sich also auf bereits gerüstete, zum Kochen vorbereitete Lebensmittel. Selbstverständliches, wie z. B. das Waschen der Produkte, wird in den Rezepten nicht noch ausdrücklich erwähnt.
Alle Rezepte sind für 4 Personen berechnet.

Natürlich natürlich

Kirschen vom Baum der Erkenntnis essen

Es leuchtet ein: Wie wollen Sie den Geschmack frischen Bergwassers noch verbessern? Es ist irdisch einfach, doch himmlisch gut.

Das vorzüglichste Esserlebnis, den unübertroffenen Geschmack, die feinsten Nuancen, das habe ich nicht an einem Tisch erlebt. In einem Baum – jawohl, in einem Kirschbaum sitzend wurde mein Gaumen erleuchtet. Schon als Bub wusste ich: Nicht an Feiern oder Banketten, nicht an Hochzeiten noch an Schlachtfesten, sondern im Baum ist der Schmaus am vollkommensten. In einem Baum zu sitzen und die reifen Früchte direkt in den Mund zu pflücken – noch nie habe ich ein höheres Esserlebnis erfahren.

Als ich dann Koch wurde, wirkte diese Erfahrung immer mit. Ich kam zum Schluss: Je mehr ich mit den Produkten anstellte, je mehr ich mich anstrengte, um so magerer war das Ergebnis. Ich empfand sehr deutlich: Dieses Essen war tot. Von der Vollwertküche sprach man damals noch nicht.

Ich fing an, jede Handlung zu überprüfen und zu vereinfachen. Die Ergebnisse waren erstaunlich. Das Essen wurde mit weniger Mühe immer besser. Jahrelang bin ich diesen Weg gegangen. Schlichter, immer schlichter. Klarer, immer klarer. Echter, immer echter.

Aus diesem Grund bringe ich in diesem Buch all das Rezeptmaterial, welches neuartig frisch, knackig und spannend ist. Ich möchte Sie nicht mit Selbstverständlichkeiten ermüden. Sachverhalte, die schon x-mal gesagt wurden, kann man anderswo nachschlagen.

Dieses Kochbuch ist von der Natur abgeguckt. Die Natur war schon immer die Quelle. In jedem der Rezepte verbirgt sich ein Quentchen an Hintergrundinformation, die erst zusammengenommen das Puzzle komplett macht.

Die Gemüserezepte

Ausgefeilt & bewährt

Ist es nicht nur natürlich, Blumen staunend zu bewundern, sie liebkosend mit der Hand zu streicheln? Seit jeher waren Blumen der natürlichste Schmuck bei Festen und Ritualen, und heute noch ist der sorgfältig zusammengestellte Blumenstrauss ein geschätztes Geschenk. Wieso rede ich aber von Blumen, wenn's ums Gemüse geht?
Wer je ein blühendes Karottenfeld gesehen, wer schon in eine Auberginen- oder Kürbisblume hineingeschaut, wer eine Blumenkohl- oder Lauchblüte betrachtet hat, wird's verstehen. Lassen Sie sich hinreissen von dieser Pracht, lassen Sie sich von diesen Rezepten dazu inspirieren, von den tausendfachen Schönheiten des Lebens zu kosten.

Knusprige Kichererbszwirbel (S. 39), Pfälzer mit Salbei (S. 36), griechischer Spinatreis (S. 100)

Bündner Feuertopf

Feriengrüsse aus dem Postkartenland

2 dl Gerste
4 dl Wasser

6 dl frische Gemüsebouillon *(S. 41)*
1 Gewürzbouquet aus: Nelken, Muskatblüte, Nelkenpfeffer (Piment), Lorbeer, ½ Pfefferschote
200 g Suppengemüse, *in Würfel geschnitten*
1 EL Schalotten, *geviertelt*
1 Spur Knoblauch
2 Salbeiblätter
1 dl milder Weisswein
Salz
Kräuter, *gehackt*

Die Gerste nach dem Grundrezept (S. 108, 118) zubereiten.
Die Gemüsebouillon mit den Gewürzen zum Kochen bringen, die Gemüse der Reihe nach hineingeben, das Gemüse mit der längsten Kochzeit zuerst. 10 Minuten kochen. Die Hitze abschalten und Schalotten, Knoblauch und Salbeiblätter beigeben. 10 Minuten ziehen lassen. Mit dem Wein abschrecken. Die gekochte Gerste beigeben, mit Salz und Kräutern abschmecken, auftragen. Bild nebenan.

Variationen: Neben Gerste eignen sich auch Hafer, Dinkel und Weizen für eine Eintopfzubereitung.
Mit gut ausgequelltem Reis zubereitet, bringt dieser Eintopf Ihren Verdauungstrakt auf sanfte Weise wieder ins Lot.

Bündner Feuertopf

Federleichter Federkohl

Ein knuspriges Vergnügen

12 Federkohlblätter
Fritieröl
Salz

Die mittelgrossen, fleischigen Blätter waschen, Stiele nicht entfernen. In der Salatschleuder trocken schleudern oder mit dem Küchentuch abtupfen. In heissem Öl bei 190 °C etwa 10 Sekunden fritieren, bis sie schön knusprig sind. Herausnehmen, bevor ihre grüne Farbe verlorengeht. Auf Küchenpapier abtropfen lassen, leicht salzen und servieren. Bild nebenan.

Variationen: Auch Gewürzkräuter wie Rosmarin, Salbei, Petersilie und Bohnenkraut bringen, auf diese Weise zubereitet, Abwechslung in Ihre Garnituren. Zum Fritieren eignen sich auch Randen (rote Bete), Pastinaken, Topinambur oder Sellerieknollen, in dünne Scheiben gehobelt, sowie eingeweichte Kichererbsen. Fritiertes jedoch ist nicht als Alltagskost zu verstehen.

Wenn Sie mit der Friteuse nicht in die Luft gehen wollen, ja kein Wasser am Fritiergut belassen.

Nur wenige Blätter auf einmal hineingeben, damit die Öltemperatur nicht abstürzt.

Das Öl kann selbstverständlich mehrmals verwendet werden (S. 56).

Federleichter Federkohl, Kürbisrose (S. 21), Emmentaler Haferbrei (S. 99)

Kürbis-Curry mit Wirsing und Azuki

Ob Kürbis oder Curry – don't worry!

2 EL Maiskeimöl
½ Zitrone, *ausgepresste Schale*
200 g mehlige Kartoffeln, *kleingeschnitten*
2 TL mildes Currypulver
2 dl Apfelsaft
200 g Kürbis, *in 1½ cm grosse Würfel geschnitten*
Salz
Cayennepfeffer
2 Wirzblätter (Wirsing), *blanchiert, abgeschreckt und in Stücke geschnitten*
1 TL Butter

1 dl Azuki, *gekocht und abgetropft (S. 54)*
1 EL Sesamöl

Die Kartoffeln mit der Zitronenschale im sehr heissen Öl unter Schwenken kurz anbraten. Sobald sie glasiert sind, vom Feuer ziehen und die Temperatur etwas absinken lassen. Das Currypulver beifügen, gut verrühren, die Hälfte des Apfelsaftes dazugiessen und nochmals sehr gut umrühren, damit sich keine Klümpchen bilden. Die Pfanne zurück aufs Feuer stellen, den Kürbis beigeben, salzen, zudecken und leise schmoren lassen.
Gelegentlich umrühren und Apfelsaft nachgiessen. Nach ca. 20 Minuten sollten die Gemüsestücke zum Teil zerfallen sein und sich durch das Umrühren eine sämige Sauce gebildet haben. Zitronenschale entfernen. Nach Bedarf mit etwas heissem Wasser verdünnen. Mit einer Spur Cayennepfeffer würzen.
Den Wirz separat in der Butter erhitzen und unter das Curry mischen.
Die Azukibohnen in derselben Pfanne im heissen Sesamöl schwenken, salzen und als Garnitur verwenden. Bild nebenan.

Variationen: Das hier beschriebene Rezept ist eine radikal einfache, schlanke und in sich harmonische Zubereitung. Natürlich kann man es auf verschiedenste Art noch aufbessern: Butter, Rahm, Weisswein, Bananen, Sellerie, Zwiebel, Lauch, Äpfel, Mehl und Kartoffelstärke zum Binden, Bouillon und Essig zum Würzen sind bewährte Zutaten. Urteilen Sie selbst.

Die Zitronenschale wird am Ende der Kochzeit wieder entfernt.

Das Currypulver darf nicht verbrennen.

Je nach der Beschaffenheit des Kürbis verschieben Sie den Zeitpunkt seiner Zugabe. Die Garzeit ist abhängig von Sorte und Saftigkeit.

Schmoren heisst nicht Kochen. Flüssigkeit knapp halten.

Kürbis-Curry mit Wirsing und Azuki, Banana-Nuggets (S. 40)

Schrullige Stücke

Es müssen nicht immer Kartoffeln sein

4 Topinamburknollen
2 Pastinakenwurzeln
1 Sellerieknolle
1 EL Butter
Salz

Bei der Auswahl der Gemüse auf die Grösse achten: Sie sollten die Wurzeln möglichst nicht durchschneiden müssen, und alle Wurzeln sollten ungefähr die gleiche Grösse haben. Zu grosse Stücke trocknen aus, bevor sie gar werden, zu kleine fallen ein und werden unansehnlich. Die Wurzeln unter fliessendem Wasser bürsten, nicht schälen und nur das Nötigste wegschneiden. Den Sellerie halbieren oder vierteilen.

Die Butter schmelzen und salzen. Die Wurzeln darin wenden, so dass sie allseitig mit einer dünnen Butterschicht überzogen sind. Auf ein Blech damit und im auf 220 °C vorgeheizten Ofen garen lassen (15–20 Minuten). Bild nebenan.

Das Backblech ab und zu rütteln, um die Stücke zu wenden.

Variationen: Nicht nur Wurzeln, auch andere Gemüse können so zubereitet werden. So wenig wie möglich wegschneiden und das Gemüse in der Schale belassen. Probieren Sie ungeschälte Gemüsezwiebeln, ganze Zucchini, kleine Kürbisse (Rondini), Peperoni (Paprikaschoten), Auberginen usw.

Auberginen mit Knoblauch spicken.

Schrullige Stücke in spritziger Champagnersauce (S. 71), Randen in Salzkruste (S. 26)

Gefüllte Mangoldrolle

Abwechslungsreich pfiffig

1 EL Olivenöl
100 g Champignons, *feingehackt*
1 TL Zitronensaft
2 dl rote Linsen, *in 2 dl Wasser gekocht*
1 EL Paniermehl oder Parmesan
Salz
1 EL Kräuter, *feingeschnitten*

8 schöne Stielmangoldblätter (Krautstiele), *nur das Blattgrün*
Butter oder Öl zum Bepinseln
½ dl Weisswein

Für die Füllung die Champignons im Öl kurz sehr heiss sautieren, mit dem Zitronensaft ablöschen, kalt stellen. Die gekochten Linsen mit Paniermehl oder Parmesan, Salz und Kräutern vermischen, die Champignons beifügen, rassig abschmecken.

Die Mangoldblätter in kochendem Salzwasser 5 Sekunden blanchieren und sofort in kaltem Wasser abkühlen. Jedes Blatt einzeln auf der Arbeitsfläche ausbreiten. Die Füllung in Form einer länglichen Wurst darauflegen. Die beiden Längsseiten des Blattes nach innen einschlagen. Nun das Blatt mit der Füllung wie eine Zigarre schön einrollen.

Die Mangoldrollen in eine gefettete Gratinform legen, mit Butter oder Öl bestreichen, den Wein in die Form giessen und bei mittlerer Hitze im Backofen kurz erwärmen. Bild nebenan.

Die Champignons sollen bei der Berührung mit dem Pfannenboden zischend «tanzen».

Der Zitronensaft verdampft augenblicklich. Die Champignons sofort aus der Pfanne nehmen.

Sehr gut lassen sich die Mangoldrollen im Dampfeinsatz erhitzen.

Variationen: Alle im Buch erwähnten Füll- und Ausbackmassen eignen sich genausogut für dieses Gericht. Weisskohl-, Wirz- (Wirsing-) und Lattichblätter lassen sich ebenfalls gut füllen, doch der dunkelgrüne Stielmangold ist von besonderem Reiz.

Gefüllte Mangoldrolle in raffinierter Zitrussauce (S. 70)

Spinatnest mit verlorenem Ei

Für den eiligen Hausmann

4 Eier
1 Schuss Essig

500 g frischer Spinat, *tropfnass*
1 TL Maiskeimöl

Eine flache Pfanne ca. 5 cm hoch mit Wasser füllen. Zum Kochen bringen. Einen guten Schuss Essig beigeben und die Hitze reduzieren. Die Eier nacheinander aufschlagen und direkt ins Wasser gleiten lassen. 3–4 Minuten ziehen lassen, bis die gewünschte Konsistenz erreicht ist. Die Eier sorgfältig herausheben und in eine Schüssel mit lauwarmem Wasser legen.
Eine leere Pfanne mit gutschliessendem Deckel und grosser Bodenfläche stark erhitzen. Das Öl darin verteilen und sofort den Spinat hineinstürzen, zudecken und die Pfanne während 10 Sekunden energisch rütteln. Deckel auf, den Spinat unverzüglich anrichten und mit dem pochierten Ei obenauf servieren. Erst am Tisch salzen. Bild S. 91.

Das Kochwasser für die Eier darf nicht sprudeln und auch nicht gesalzen sein.

Diese Zubereitungsart des Spinats ist eine Kombination von Sautieren und Dampfgaren und eignet sich auch für andere Blattgemüse.

Römerlattich

Klassisch italienisch

400 g ganze Lattichblätter
2 EL Olivenöl

Die Lattichblätter in kochendem Salzwasser 10 Sekunden blanchieren. Herausheben, kurz abtropfen lassen, mit dem Öl beträufeln und servieren. Bild S. 28.

Variationen: Alle Blattgemüse wie Schnittmangold, Spinat, Neuseeländerspinat, Endivie, Cima di rapa (Stengelkohl), Kopfsalat, Frühlingslöwenzahn, Brennesseln, sogar Beinwell-, Borretsch-, Rettich- und Radieschenblätter machen Sie auf diese Weise zum Erlebnis. Bedingung: Das Gemüse muss taufrisch und das Öl erstklassig sein. Das fertig zubereitete Blattgemüse muss so schnell wie möglich auf den Tisch.

Den Topf ja nicht zudecken, damit das Gemüse die Farbe nicht einbüsst.

Der Blattstengel soll noch Biss haben.

Kürbisrose

Eigenwillig schmackhaft, saftig und leicht

300 g oranger Kürbis, *geschält, entkernt und in Würfel geschnitten*
2 EL Zitronensaft
Salz
2 Knoblauchzehen, *gepresst*
2 EL Distelöl
etwas Rosmarinpulver

Die Kürbiswürfel mit dem Zitronensaft beträufeln, salzen und zusammen mit dem Knoblauch in einer Pfanne erhitzen. Bei Bedarf einige Tropfen Wasser zugeben und langsam weich schmoren. Sobald der Kürbis an den Schnittkanten zu schmelzen anfängt, vom Feuer nehmen. (Der Garpunkt ist erreicht, wenn man die Kürbiswürfel gerade eben zerdrücken kann, jedoch noch etwas Widerstand zu spüren ist.) Nun den Kürbis mit einer Gabel kräftig zerdrücken, dabei tropfenweise das Öl und den Rosmarin hineinarbeiten. Das Püree sollte eine luftige Konsistenz haben, jedoch noch etwas Rauheit behalten und saftig, aber nicht flüssig sein. Es geht ganz ohne Salz oder allenfalls mit wenigen Körnchen. Bild S. 13.

Je nach Sorte ist der Kürbis mehr oder weniger saftig.

Das Wasser immer nur tropfenweise zugeben. Nicht im Wasser kochen.

Beim Zerdrücken so viel Luft wie möglich richtiggehend in die Masse schlagen.

Notfalls etwas heisses Wasser beigeben.

Variationen: Nehmen Sie anstatt Distelöl einige kalte Butterwürfel. Bei Kürbisgerichten können Sie mit den meisten aromatischen Kräutern nach Herzenslust experimentieren. Er nimmt sie alle freudig auf. Indessen geht nichts über den einfachen, klaren Kürbisgeschmack.

Lattichgemüse

Bereuen werden Sie's nicht

300 g Lattichblätter, *tropfnass, grob geschnitten*
1 EL Olivenöl
1 Knoblauchzehe, *gepresst*
Salz

Die Lattichblätter in einer Schüssel mit dem Öl und dem Knoblauch gut vermengen.
Eine Pfanne mit grosser Bodenfläche trocken erhitzen. Die mit Öl vermengten Blätter im Sturz hineingeben. Sofort zudecken und unter tüchtigem Rütteln der Pfanne die Lattichblätter ca. 15 Sekunden sautieren. Salzen und sogleich servieren. Bild S. 63.

Die Stengel nicht wegschneiden.

Den ausgetretenen Gemüsesaft mitservieren.

Mandelmond mit Spinat und Koriander

Für einen mondlosen Abend

300 g frische Spinatblätter, *blanchiert, abgetropft und feingehackt*
1 dl Mandeln, *gerieben*
1 EL Koriander, *gestossen*
1 EL Zwiebel, *feingehackt*
1 Hauch Knoblauch
1 EL Distelöl
3 Eiweiss, *steifgeschlagen*
Salz, Tabasco
wenig Butter
etwas Paniermehl
1 Eigelb

Spinat, Mandeln, Koriander, Zwiebel, Knoblauch und Öl miteinander vermischen und 10 Minuten ruhen lassen. Anschliessend den sehr steifen Eischnee vorsichtig unterziehen. Mit Salz und Tabasco abschmecken.
Eine Gratinform buttern und mit Paniermehl ausstreuen. Die Spinatmasse in die Gratinform füllen, die Oberfläche mit einem nassen Gummispachtel glattstreichen und mit dem Eigelb leicht bepinseln. Im auf 200 °C vorgeheizten Backofen ca. 15 Minuten backen. Noch heiss mit einem scharfen Messer halbmondförmig ausschneiden und anrichten. Bild S. 58.

Spinat nur ganz kurz (10 Sekunden) blanchieren und sofort im Eiswasser abkühlen, damit er grün bleibt.

Die Mandeln vor dem Mahlen eventuell leicht rösten (S. 122).

Mit einer Prise Salz wird das Eiweiss schneller steif.

Wenn die Masse zu dünn ist, mit etwas Paniermehl nachbinden.

Variationen: Die Kombination von Spinat mit Mandeln und Koriander ist einmalig. Auf ähnliche Art lässt sich im Frühjahr ein hervorragendes Soufflé mit Bärlauch zubereiten: Den Koriander weglassen, das Eigelb mit der Bärlauchmasse vermengen und mit Naturquark (Speisequark) oder gut schmelzendem Käse ergänzen.

Knallgrüne Lauchlocke

Lauch 'n' Roll over all

1 grosse Stange Lauch
Fritieröl
Salz

Die äusseren, grossen Lauchblätter längs in 2 cm breite Streifen schneiden. Die Streifen einrollen und mit einem Zahnstocher durchstechen. Die Lauchrollen kurz im Öl fritieren (S. 12), abtropfen lassen und salzen. Bild S. 81.

Die Lauchblätter nach dem Waschen trocken tupfen.

Spinattaler mit Preiselbeer

Spinat & Preiselbeer – man dankt sich's gegenseitig

1 Ei
200 g frischer Spinat, *gewaschen, kurz blanchiert, abgetropft und gehackt*
2 EL Zwiebel, *feingehackt*
2 EL Parmesan, *gerieben*
1 EL Olivenöl
1 dl feine Haferflocken
1 Hauch Zitronenschale, *abgerieben*
1 TL frischer Ingwer, *gerieben*
Salz

Bratfett
Preiselbeeren oder Preiselbeerkonfitüre

Das Ei gut verquirlen. Die übrigen Zutaten bis und mit Salz in der genannten Reihenfolge einrühren; dabei die Haferflockenmenge so bemessen, dass eine gut formbare, aber nicht zu trockene Masse entsteht. Abschmecken und ca. 1 Stunde ruhen lassen. Aus dieser Spinatmasse anschliessend kleine Bällchen formen. Die Bällchen zwischen den Fingern leicht zusammendrücken, so dass beidseitig leichte Vertiefungen entstehen. Das Bratfett erhitzen und die Spinattaler im heissen Fett rasch hellbraun braten. Mit frischen Preiselbeeren oder Preiselbeerkonfitüre garnieren. Bild S. 87.

Variationen: Auch andere Blattgemüse mit kräftigem Geschmack eignen sich für diese Zubereitung: Wirz (Wirsing), mit gestossenem Koriander, Kreuzkümmel, Kümmel oder Anis ergänzen; Blatt- oder auch Stielmangold (Krautstiele), bei letzterem zur Neutralisierung der Oxalsäure 1 EL Naturquark beifügen, mit Knoblauch würzen.

Der Spinat darf nach dem Blanchieren noch ziemlich nass sein und soll nicht zu fein gehackt werden.

Der Parmesan ist hier bloss Gewürz. Hervorragend passt auch trockener Schafkäse (Pecorino).

Die Taler haben es nicht nötig, vollständig durchgebacken zu werden. Im Gegenteil: je grüner der Spinat bleibt, desto besser.

Bei Naturquark handelt es sich um einen Vollmilchquark, im Unterschied zum Rahmquark mit seinem erhöhten Fettgehalt.

Schwarzwurzeln in Weiss

Wie unter Schnee

1 dl Vollreis, *vorgekocht*
3 dl Gemüsebouillon (S. 41)
50 g kalte Butterwürfel
½ TL Zitronenschale, *abgerieben*
1 Schuss Zitronensaft
Salz, Pfeffer

400 g Schwarzwurzeln, *geschält, in fingergrosse Stücke geschnitten*
1 TL Birnendicksaft
1 Schuss Essig
Salz

Die Sauce nach dem Grundrezept (S. 68) zubereiten. Mit der Zitronenschale, dem Zitronensaft, Salz und Pfeffer abschmecken, warm stellen. Für die Schwarzwurzeln zuerst das Wasser mit Salz, Birnendicksaft und Essig wallend aufkochen. Die Schwarzwurzelstücke hineingeben und «auf den Punkt» garen. Die Stücke aus dem Wasser nehmen und in die noch heisse Sauce legen. Etwa zehn Minuten ziehen lassen. Bild S. 111.

Variationen: Auch andere Gemüse eignen sich für diese Zubereitung, z. B. Pastinake, Sellerie, Karotten, Kartoffeln, Randen (rote Bete), Kohlrüben, Kohlrabi, Blumenkohl, ja sogar grüne Bohnen und Kefen.

Die Schwarzwurzeln werden nach dem Schälen schnell braun. Sofortiges Einlegen in Zitronenwasser verhindert dies.

Näheres über den Garpunkt auf S. 53.

Das Gericht darf nicht säuerlich sein, sondern soll angenehm erfrischend schmecken. Notfalls mit einem Tropfen Birnendicksaft ausgleichen.

Dampflauch im Karottensaft

Purer Purismus

200 g Lauch, *in 2 cm breite Ringe geschnitten*

3 dl Karottensaft
1 EL trockener Sherry
1 EL Kuzu oder Pfeilwurzmehl
1 Messerspitze Salz
1 Spur Zitronensaft
Pfeffer
evtl. einige kalte Butterwürfel

Die Lauchstücke über kochendem Wasser im Dampf garen, bis sie weich sind.
Den Karottensaft rasch erhitzen und das im Sherry aufgelöste Kuzu oder Pfeilwurzmehl beigeben. Unter ständigem Rühren zum Kochen bringen und weiterrühren, bis der Saft wieder klar wird. Abschmekken mit wenig Salz, Zitronensaft und Pfeffer. Nach Belieben noch einige kalte Butterwürfel zum Verfeinern einrühren. Einen Saucenspiegel bilden und den Lauch darauf anrichten. Bild S. 97.

Variationen: Alle erdenklichen Gemüsesäfte können Sie auf diese Weise zu raffinierten Saucen verwandeln (S. 85).

Benutzen Sie einen Dampfeinsatz oder ein Drahtsieb. Das Wasser darf nicht bis zum Siebboden reichen. Mit einem gutschliessenden Deckel zudecken (S. 54).

Dijoner Paprikaschoten

Lang lebe das Senfland!

1 EL Maiskeimöl
200 g Peperoni (Paprikaschoten), *in Stücke geschnitten*
1 TL Senfkörner
2 EL Zwiebeln, *in Streifen geschnitten*
1 TL scharfer Dijon-Senf
1 EL Zitronensaft
1 EL Rosmarin
Salz

Die Peperoni im Öl mit den Senfkörnern kurz anziehen lassen, zudecken und 5 Minuten dünsten. Die Zwiebeln beigeben, umrühren und nicht mehr zudecken. Den Senf im Zitronensaft auflösen und sofort zusammen mit Rosmarin und Salz beigeben. Noch einen Augenblick durchziehen lassen und servieren. Bild S. 95.

Variationen: Dieses Gericht ist sehr schmackhaft, obwohl recht eigenwillig. Eine weitere sehr gute Zubereitungsart für dieses Gemüse: Peperoni in grössere Stücke schneiden, mit Olivenöl beträufeln und 20 Minuten im Backofen bei 150 °C backen, salzen.

Falls die Peperoni beim Backen zu stark austrocknen, einen Schuss Wasser beigeben.

Peperoni, gefüllt mit Gorgonzolamais

6 dl Wasser
1 Knoblauchzehe, *gepresst*
2 dl Maisgriess
1 EL Olivenöl
100 g Gorgonzola, *gewürfelt*
Salz
1 EL Schnittlauch, *feingeschnitten*

8 kleine bunte Peperoni (Paprikaschoten)
Butter zum Ausfetten
1 dl Weisswein

Für die Füllung den Mais wie auf Seite 88 beschrieben kochen. Anstelle von Reibkäse Gorgonzola nehmen und der kalten Masse den Schnittlauch beifügen.
Die Peperoni waschen, einen Deckel abschneiden und die Kerne entfernen. Die Peperoni mit der Maismasse füllen. In eine gebutterte Gratinform stellen. Die abgeschnittenen Schotendeckel dazulegen. Den Wein in die Gratinform giessen und die Peperoni im vorgeheizten Ofen bei 200 °C ca. 20 Minuten backen. Die Peperoni sollen gar sein, aber nicht aus der Form fallen. Bild S. 74.

Variationen: Probieren Sie auch andere vegetarische Füllungen aus! Praktisch alle in diesem Buch rezeptierten Füllmassen eignen sich.

Randen im roten Gewürzsud

Création en rouge

1 Portion Gewürzsud *(S. 27), mit Rotwein und Rotweinessig zubereitet*
1 EL Kuzu oder Pfeilwurzmehl
1 EL Malaga
Salz
300 g Randen (rote Bete), *in der Schale gekocht und geschält*

Das Kuzu oder Pfeilwurzmehl im Malaga auflösen und den gekochten Gewürzsud damit binden. Mit Salz abschmecken. Die in mittelgrosse Stücke geschnittenen Randen in den noch heissen Gewürzsud legen, vom Feuer nehmen und 30 Minuten durchziehen lassen. Vor dem Servieren nochmals aufwärmen. Bild S. 42.

Randen in Salzkruste

Meine Mutter hätte dazu ein Perlhuhn genommen

3 Eiweiss, *steifgeschlagen*
200 g Salz
4 kleinere Randen (rote Beten)
1 EL Maiskeimöl

Das steifgeschlagene Eiweiss mit dem Salz vermengen, bis eine gut formbare Masse entsteht. Die Randen mit dieser Masse umhüllen und auf ein eingeöltes Backblech setzen. Im auf 220 °C vorgeheizten Ofen ca. 30–40 Minuten backen. Die Backdauer hängt von der Grösse und dem Zustand der Wurzeln sowie von der Krustenstärke ab. Man kann sie nur nach einiger Erfahrung zuverlässig abschätzen. Um die Garstufe festzustellen: nach 30 Minuten eine der Randen herausnehmen, die Salzkruste aufschlagen und probieren. Gewiss werden Sie feststellen: So etwas habe ich noch nie gekostet! Bild S.17.

Die Salzmenge nach der Konsistenz bemessen, die Mengenangabe dient nur zur Orientierung.

Die Salzkruste darf ruhig braun werden, sie wird ja nicht gegessen.

Variationen: Die Zubereitung in der Salzkruste ist ein konsequentes Garen im eigenen Saft, praktisch ohne Geschmacksverlust und Austrocknen. (Nur das Einschlagen und Backen in Lehm bringt ein vergleichbares Resultat.) Probieren Sie es mit Frühlingszwiebeln, Sie werden begeistert sein!

Selleriebrocken im Gewürzsud

Wohltuend ungewöhnlich

2 dl Weisswein
2 dl Wasser
1 dl Apfelessig
1 EL Birnendicksaft
1 Gewürzbouquet aus: Lorbeer, Nelken, Piment, Senf- und Pfefferkörnern, Koriander, Wacholder, *ausgepresster* Zitronenschale
Salz
300 g Sellerie, *in unregelmässige, grössere Stücke geschnitten*
1 EL Kuzu oder Pfeilwurzmehl
1 EL Marsala
Salz

Zuerst den Gewürzsud zubereiten: Wein, Wasser, Apfelessig, Birnendicksaft und die Gewürze zusammen aufkochen und mindestens 30 Minuten ziehen lassen. Einen Teil der Gewürze entfernen. Salzen. Den Sellerie 15–20 Minuten im Sud garen, herausheben.
Das Kuzu oder Pfeilwurzmehl im Marsala auflösen. Den Sud aufkochen und mit dem aufgelösten Kuzu oder Pfeilwurzmehl abbinden. Abschmecken (S. 120). Den Sellerie wieder in die Sauce legen und servieren. Bild S. 113.

Variationen: Andere Gemüsesorten, im Gewürzsud knackig blanchiert, ergeben, kalt serviert, eine dankbare Vorspeise. Auch frische Champignons, im Sud kurz aufgekocht und bis zum Erkalten darin belassen, sind eine Entdeckung!

Verzweifeln Sie nicht, wenn nicht alle genannten Gewürze zur Hand sind. Wenn einige fehlen, drücken Sie einfach ein Auge zu oder nehmen Sie Sternanis und Ingwer als Ersatz.

Das Verhältnis von Süss-Sauer und Salz muss stimmen.

Buntes Salatbeet

Was das Herz begehrt

1 EL Leinsamen, *über Nacht eingeweicht*
2 EL Apfelessig
1 EL Aceto balsamico
2 EL Distelöl
2 EL kräftige Bouillon (S. 41)
Salz

1 Korb Salatblätter verschiedenster Sorte

Für die Vinaigrette Leinsamen, Apfel- und Balsamessig, Distelöl, Bouillon und Salz in einer grossen Schüssel gut vermischen. Die ganzen Salatblätter durch diese Vinaigrette ziehen, sanft abtropfen lassen und anrichten. Mit jeder erhältlichen, saisonalen Köstlichkeit garnieren.
Gerade weil die Vinaigrette etwas so rudimentär Einfaches ist, gibt es unzählige Rezepte dafür. Worauf es aber wirklich ankommt, sind erstklassige Zutaten von ausgeprägtem Charakter und ein gekonntes Abschmecken. Bild S. 66.

Den Trick mit den Leinsamen werden Sie und Ihr Körper um so mehr schätzen, je öfter Sie ihn anwenden.

Kürbissichel in Grünkernkruste

So einfach geht's!

500 g Kürbis, *mit der Schale in 2 cm dicke Schnitze geschnitten*
Salz
1½ dl Grünkern, *zu Griess gemahlen*
1 Prise Rosmarinpulver
Pfeffer
2 EL Butter, *zerlassen* oder Olivenöl

Die Kürbisstücke leicht einsalzen und 15 Minuten stehen lassen, damit sie Saft ziehen. Den Grünkerngriess mit dem Rosmarin und dem Pfeffer würzen. Die feuchten Kürbisstücke darin beidseitig andrükken, damit sie eine schöne Kruste erhalten. Ein Blech mit Butter ausstreichen und die Kürbisstücke daraufsetzen. Mit Butter bzw. Öl leicht beträufeln und ca. 20 Minuten im auf 200 °C vorgeheizten Ofen backen. Bild nebenan.

Jede der 1001 Kürbissorten ist geeignet. Bei den Sommersorten die Garzeit verkürzen.

Den Grünkern können Sie notfalls in der Kaffeemühle mahlen.

Variationen: Für diese Zubereitung ist von allen Getreiden der Grünkern (Dinkel, der bereits in der Milchreife geerntet wird) am besten geeignet, nicht zuletzt wegen seinem feinen Rauchgeschmack. Auch frisch gemahlener Hafergriess schmeckt gut. Als Gemüse eignen sich alle stark wasserhaltigen Sorten: Patissons, Zucchini, Auberginen und sogar Tomaten oder Gemüsezwiebeln.

Auberginen müssen einige Stunden eingesalzen «ziehen», damit sie den bitteren Saft abgeben.

Tomate oder Gemüsezwiebel nur quer halbieren, einsalzen und die Schnittfläche im Getreidegriess andrücken.

Kürbissichel in Grünkernkruste, Brasilianisches Bohnenconcassé mit Ingwer (S. 38), Römerlattich (S. 20)

Kentucky fried cauliflower

Colonel Sanders dreht sich im Grabe um

8 mittelgrosse Blumenkohlröschen, *in Salzwasser knapp blanchiert*
Mehl
2 Eier, *verquirlt*
Paniermehl
Fritieröl
Salz

Die noch feuchten Blumenkohlröschen nach allen Regeln der Kunst panieren: zuerst mehlen und abklopfen, dann durch das Ei ziehen und im Paniermehl wenden. Im heissen Fritieröl goldfarben fritieren, abtropfen lassen. Leicht salzen und servieren. Bild nebenan.

Variationen: Diese Zubereitung von Gemüse ist besonders beliebt und abwechslungsreich. Aus der Vielfalt der geeigneten Gemüsesorten seien nur einige aufgezählt: zarte, junge Patissons, vor dem Panieren leicht einsalzen, damit sie ein wenig feucht werden; mittelgrosse, feste Champignons; Selleriescheiben, zuerst knapp in einem Gewürzsud (S. 27) blanchiert; Gemüsezwiebel, in Scheiben geschnitten; aber auch Käse machen Sie auf diese Weise zu einem besonderen Erlebnis.

Im Blanchierwasser ein Stück ausgepresste Zitronenschale mitkochen, um zu verhindern, dass sich der Blumenkohl grau verfärbt.

Ein Schuss Milch oder Wasser ins Ei gerührt, erleichtert das Panieren.

Den Käse auf beiden Seiten in der Pfanne braten. Er soll dabei schmelzen, aber nicht zerfliessen.

Kentucky fried cauliflower, Süss-saure Tomatensauce (S. 65), Brennesselspiralen (S. 102)

Luftig gefüllte Sommergurke

Wenn Sie auf gar nichts mehr Lust haben

1 TL Vitaminhefe (Hefeflocken)
2 TL Olivenöl
40 g Vollmilchquark (Speisequark)
2 EL feine Haferflocken
2 TL Zwiebel, *feingehackt*
2 Salbeiblätter, *feingeschnitten*
Salz
1 Eiweiss, *steifgeschlagen*

1 grosse Salatgurke
wenig Paniermehl
Butter zum Fetten

Für die Füllmasse die Hefe mit dem Öl verrühren. Erst dann löffelweise den Quark beimischen, so dass keine Klumpen entstehen. Die übrigen Zutaten vorsichtig unterrühren, abschmecken.
Die Gurke ungeschält in 8 Stücke schneiden, jedes ca. 4 cm lang. Die Schale ringsherum ziselieren (siehe Bild nebenan). In der Mitte mit dem Apfelausstecher durchstechen, um Platz für die Füllung zu schaffen.
Ein Backblech buttern und mit Paniermehl bestreuen, die Gurkenringe daraufsetzen. Vorsichtig die Masse hineinfüllen. Die Gurkenringe mit wenig Paniermehl bestreuen und im auf 200 °C vorgeheizten Ofen 5–7 Minuten backen. Bild nebenan.

Variationen: Neben Salbei passt Dill oder Schnittlauch besonders gut.

Die Gurken nicht salzen.

Die ausgestochenen Gurkenstücke ergeben, mit wenig Joghurt, Salz und Pfeffer püriert, einen herrlich erfrischenden Sommerdrink.

Die Gurken dürfen nicht allzu stark gebacken werden, da sie sonst ihre Form verlieren.

Luftig gefüllte Sommergurke, Goldene Kürbissauce mit Dill und Wermut (S. 72)

Diamantranden in Joghurtsauce

Eine der dankbarsten Zubereitungen für dieses oft verkannte Gemüse

1 EL eingesottene Butter
400 g Randen (rote Bete), *in feine Würfel geschnitten*
4 Lorbeerblätter
1 Schuss milder Apfelessig
Salz
1 EL Schnittlauch, *feingeschnitten*

Die Joghurtsauce nach dem Rezept (S. 69) zubereiten.
Die Randenwürfel und die Lorbeerblätter in der Butter sehr kurz sautieren. Mit dem Essig ablöschen und salzen. Zugedeckt etwa 20 Minuten schmoren. Gelegentlich umrühren, einige Tropfen Wasser beigeben. Wenn die Randenwürfel gerade noch etwas Biss haben, die vorbereitete Sauce dazufügen und nochmals vorsichtig erwärmen. Die Sauce darf nicht mehr kochen, da sie sonst ausflockt. Beim Anrichten mit dem Schnittlauch bestreuen. Bild nebenan.

Der Essig hilft die Farbe zu erhalten.

Variationen: Passende Akzente setzen hier eine Spur Kümmel-, eine Prise Anispulver oder 2–3 Gewürznelken. Wie beim Rezept auf S. 24, kann man auch andere Gemüse verwenden.

Bei anderen Gemüsen, denen die Natursüsse der Randen fehlt, eventuell mit einer Spur Birnendicksaft die Säure des Joghurts ausgleichen.

Diamantranden in Joghurtsauce (S. 69), Gerstenschrot mit Kartoffeln und Estragon (S. 98)

Pfälzer mit Salbei und Weisswein

Verhelfen Sie diesem vergessenen Gemüse zu verdientem Ruhm!

400 g gelbe Pfälzer Möhren, *längs halbiert und schräg in dünne Blättchen geschnitten*
1 EL eingesottene Butter
½ dl trockener Weisswein
Salz
4 mittlere Salbeiblätter, *in feine Streifen geschnitten*
Cayennepfeffer

Die Pfälzer Möhren in der recht heissen Butter kurz andünsten, mit dem Wein ablöschen. Salzen, zudekken und bei schwacher Hitze etwa 15 Minuten ziehen lassen. Kurz bevor die Möhren weich werden, den Salbei hinzufügen. Mit Cayennepfeffer abschmecken. Bild S. 8.

Vor dem Ablöschen mit Wein können Sie die Pfälzer Möhren mit ½ TL Birnendicksaft glasieren.

Variationen: Diese Möhren harmonieren ebenfalls hervorragend mit Fenchelsamen, Rosmarin und grünem Pfeffer.

In diesem Fall das Gewürz von Anfang an mitkochen.

Lauchmedaillons

Nicht zu zahlen

100 g Lauchgrün, *in feine Streifen geschnitten*
1 TL Maiskeimöl
1 Ei
1 dl Milch
1 dl Hirseflocken
50 g Käse
1 Hauch Muskatnuss
Salz
Öl zum Ausbacken

Den Lauch mit dem Öl rasch sautieren und sofort kalt stellen. Ei, Milch, Hirseflocken, Käse und Muskatnuss gut mischen, dann den Lauch beigeben. Mit Salz rassig abschmecken. 20 Minuten ruhen lassen. Das Öl erhitzen. Aus der Lauchmasse kleine Medaillons formen und knusprig ausbacken. Bild S. 47.

Der Lauch soll knallgrün bleiben.

Die Masse darf nicht zu trocken ausfallen.

Variationen: Der Lauch lässt sich durch feingeschnittene Kräuter ersetzen; anstelle des Käses nehmen Sie dann Sauerrahm, Quark oder Fromage blanc.

Lauchstengel im Bierteig

Keine Bieridee

2 dl Weizenmehl
2 dl Bier
1 EL Maiskeimöl
1 Eiweiss, *steifgeschlagen*
Salz
8 fingerlange Stücke Lauch
Mehl
Fritieröl

Für den Bierteig das Mehl mit dem Bier zu einem halbflüssigen Teig verarbeiten. Das Öl einrühren. Den Teig mindestens 1 Stunde ruhen lassen. Kurz vor dem Backen noch das mit Salz steifgeschlagene Eiweiss vorsichtig unterziehen.
Die Lauchstücke mehlen. Durch den Backteig ziehen und im heissen Öl schwimmend ausbacken. Bild S. 115.

Eventuell den Lauch vorher blanchieren.

Fenchelschenkel im Morgenrock

Derweil die Frösche quaken

4 mittelgrosse Fenchelknollen, *längs in Scheiben von 8–10 mm geschnitten*
1 Portion Backteig (siehe Rezept oben)
Fritieröl

Die Fenchelscheiben in kochendem Salzwasser kurz blanchieren, abtropfen lassen und der Länge nach halbieren. Durch den Backteig ziehen und im heissen Öl golden knusprig ausbacken. Auf einem Küchenpapier abtropfen lassen und servieren. Bild S. 77.

Variationen: Diese Zubereitungsart kennt in ihrer Vielfalt fast keine Grenzen. Von groben Gemüsezwiebelringen über Blumenkohl, Broccoli, in breite Streifen geschnittenen Kohlblättern, von Spargelspitzen, Pilzen, Käse, Salbeiblättern bis zu verschiedenen Früchten kann man fast alles so zubereiten. Selbst Papierschnipsel würden im Backteig noch passabel schmecken!
Es bedeutet einen Unterschied, ob die Produkte blanchiert oder roh zubereitet werden. Generell gilt, dass roh fritierte Nahrungsmittel intensiver schmecken, für manchen Geschmack jedoch zu knackig bleiben.

Die Fenchelabschnitte für einen Salat oder in einem anderen Gericht verwenden.

Das Blanchieren können Sie sich ersparen, wenn sie den Fenchel nur 5 mm dünn schneiden. Für Fenchelliebhaber.

Kichererbsragout

Nicht kichern, bitte

etwas Muskatblüte, Lorbeer, Wacholder, Senfkörner, Paprikagranulat
1 EL Olivenöl
200 g Gemüsewürfel
1 dl Apfelwein
1 dl Kichererbsen, *über Nacht eingeweicht und vorgekocht (S. 54)*
2 dl Gemüsebouillon *(S. 41)*
1 Hauch Zitronenschale, *abgerieben*
Salz

In einer trockenen, heissen Pfanne die Gewürze kurz erhitzen, das Öl und die Gemüsewürfel beigeben und anziehen lassen. Mit dem Apfelwein ablöschen und zugedeckt weich schmoren. Die kalt abgespülten Kichererbsen beigeben und mit der Bouillon auffüllen. Mit Zitronenschale und Salz abschmecken und noch 10 Minuten ziehen lassen. Bild S. 89.

Variationen: Auch ohne Kichererbsen können Sie nach diesem Rezept herrliche Gemüseragouts selber komponieren.

Brasilianisches Bohnenconcassé mit Ingwer

Einst stellte man sich Exotik so vor

1 ½ dl schwarze Brasilbohnen, *eingeweicht, gekocht und abgetropft (S. 54)*
1 EL Maiskeim-, Oliven- oder Sesamöl
2 EL Zwiebel, *feingehackt*
1 TL frischer Ingwer, *in Streifen geschnitten*
1 Prise Paprikagranulat
Salz, Tabasco

Die Bohnen mit dem Öl in einer heissen Bratpfanne kräftig anziehen lassen. Die Zwiebel, dann den Ingwer und das Paprikagranulat beifügen. Gut verrühren. Mit Salz und Tabasco abschmecken. Bild S. 28.

Wichtig: Beim Anschwitzen nicht mit den Zwiebeln anfangen.

Variationen: Allgemein ist zu sagen, dass Hülsenfrüchte besser verträglich sind, wenn sie nach dem Kochen einige Zeit ruhen.
Kombinieren Sie das Gericht mit Tomaten- oder Peperoniwürfeln (Paprikaschote), Maiskörnern, Lauch, verschiedenen Kräutern: eine unendliche Vielfalt an Abwandlungen wartet auf Entdeckung.

Diese jeweils am Schluss beigeben und nur kurz erhitzen.

Knusprige Kichererbszwirbel

Eine orientale Anwandlung

1½ dl Kichererbsen, *gekocht und kalt gestellt (S. 54)*
1 Ei
1 EL Paniermehl
1 EL Olivenöl
½ TL Kreuzkümmelpulver
1 Hauch Zitronenschale, *abgerieben*
½ TL Zitronensaft
Salz, Pfeffer
Fritieröl

Die Kichererbsen durch den Fleischwolf treiben, die übrigen Zutaten beimengen. Die Masse gut durchkneten, abschmecken und 30 Minuten ruhen lassen. Danach ca. 5 mm dick auswallen und in Rautenstücke (Rhomben) schneiden. Die Stücke schraubenförmig drehen und im heissen Öl schwimmend backen. Bild S. 8.

Variationen: Geschmacklich variieren können Sie die Grundmasse durch gepressten Knoblauch, feingehackte Zwiebel und vor allem durch aromatische, die Verdauung anregende Gewürzsamen: Anis, Fenchel, Kardamom, Kümmel und Kreuzkümmel, immer in Pulverform. Eine Prise Gelbwurz, zerquetschte Senfsamen, Rosmarin oder Salbei erweitern die Palette.
Statt Kichererbsen können Sie andere Hülsenfrüchte verwenden, dann aber mit etwas mehr Paniermehl nachbinden.
Beim Formen können Sie Ihrer Fantasie freien Lauf lassen: handgemachte Formen, Vermicelli (durchs Passe-vite oder Passiergerät gedrückt), Gebäckausstechformen, Kugeln, Würfel – schmecken tut's immer!

Eine trommelförmige Käsereibe oder eine Gemüseraffel sind hierfür auch gut geeignet.

Die Masse soll eher kompakt sein, aber nicht bröseln.

Die Stücke dürfen nicht zu dünn geraten, damit sie innen noch saftig bleiben.

Banana-Nuggets

So what?

2 dl Weizenmehl
1½ dl Mineralwasser mit Kohlensäure
1 Eigelb
2 EL Butter, *zerlassen*
1 Hauch Zitronenschale, *abgerieben*
Pfeffer, Salz
1 Eiweiss, *steifgeschlagen*

4 kleinere Bananen, *in mundgerechte Stücke geschnitten*
Fritieröl

Für den Backteig Mehl, Mineralwasser, Eigelb, Butter, Zitronenschale, Pfeffer und Salz zu einem leicht flüssigen Teig verarbeiten. Mindestens eine Stunde stehen lassen. Zuletzt das mit Salz steifgeschlagene Eiweiss darunterziehen.
Die Bananenstücke durch den Teig ziehen und im heissen Fritieröl schwimmend fritieren. Bild S. 15.

Variationen: Auch andere Früchte sind für Nuggets grossartig geeignet. Versuchen Sie's mal mit Äpfeln, Ananas, Birnen, Datteln, Erdbeeren, Kirschen, Mangos, Nektarinen, Schlehen oder Trauben.

Am Sonntag nehmen Sie feste, fleischige Himbeeren.

Kartoffelküchlein

Allseits beliebt

150 g Kartoffeln, *in der Schale gekocht*
2 EL Butter
2 EL Vollkornmehl
3 EL Schnittlauch, *feingeschnitten*
Pfeffer
Salz
Mehl
Öl zum Ausbacken

Die Kartoffeln noch heiss schälen und mit einer Gabel gut zerdrücken oder durchpressen. Mit der Butter und dem Mehl zu einem weichen Teig verarbeiten. Zuletzt den Schnittlauch einkneten und mit Pfeffer und Salz zünftig abschmecken. Im Kühlschrank einige Zeit ruhen lassen.
Aus der Masse kleine Küchlein formen, mehlen. In der Pfanne in heissem Öl knusprig ausbacken. Bild S. 79.

Nach Möglichkeit eine mehlige, weissschalige Kartoffelsorte wählen.

Das Ausformen dürfen Sie sich ganz einfach machen: Den Teig 1 cm dick auswallen und in beliebige Formen schneiden oder ausstechen.

Variationen: Die Kartoffelmasse können Sie auch mit anderen Kräutern würzen wie Majoran, Thymian oder Dill. Einen kräftigeren Geschmack erreichen Sie durch Zugabe von einer kleinen Menge Schafskäse, Ziegenkäse oder Ricotta.

Frische Gemüsebouillon

Gönnen Sie sich's

Ergibt ca. 1½ l Bouillon.

600 g Suppengemüse (Sellerie, Karotten, Lauch, Wirz (Wirsing), Zwiebel), *in gröbere Stücke geschnitten*
1 Knoblauchzehe,
3 Petersilienstengel
1 Rosmarin- oder Thymianzweig
1 kleine Pfefferschote oder 7 Pfefferkörner
4 Wacholderbeeren
2½ l Wasser

Alle Zutaten im kalten Wasser aufsetzen und langsam zum Kochen bringen. Hitze zurückschalten, den Topf zudecken. (Den Deckel mit einem Kochlöffel unterlegen, damit das Kochgut atmen kann.) Leise sieden lassen. Nach 1½ bis 2 Stunden durch ein Sieb abgiessen.
Wird eine klare Bouillon gewünscht, diese nach dem Abgiessen noch eine gute Stunde stehen lassen, bis sich alle schwebenden Teilchen am Boden abgesetzt haben. Die Bouillon vorsichtig über den Rand abgiessen, so dass der Satz zurückbleibt. Erst bei Weiterverwendung salzen. Bild S. 126.

Variationen: Mit einem Schuss Südwein (Madeira, Sherry) parfümiert und mit etwas Schnittlauch bestreut, ist diese frische Bouillon ein Traum.
Sie können anfallende Gemüseabschnitte immer für eine Bouillon verwenden. Achten Sie aber darauf, dass die Kohlarten nicht überwiegen.

So viel Schale wie möglich am Gemüse belassen. Zwiebel und Knoblauch mit der Schale verwenden.

Eventuell eine halbierte Zwiebel und einige Gemüsestücke in einer trocken erhitzten Bratpfanne ohne Fett an der Schnittfläche kräftig anrösten. Das ergibt einen würzigeren Geschmack.

Selleriewürfel im Erbspüree

Derbes unter zarter Decke

1 dl Trockenerbsen, *eingeweicht und weichgekocht*
½ dl Distelöl
Salz

200 g Sellerieknollen, *geschält und halbiert*
1 Schuss Essig

Die noch heissen Erbsen mit einem Teil des Kochwassers mit dem Mixstab gut pürieren. Das Öl tropfenweise beigeben und einarbeiten, salzen.
Den Sellerie in mildem Essigwasser knapp weich kochen, abgiessen und in kleinere Würfel schneiden. Diese ins heisse Erbsenpüree geben und 5 Minuten ziehen lassen. Bild nebenan.

Mehr über das Emulgieren erfahren Sie auf S. 83ff.

Variationen: Zögern Sie nicht, auch andere Gemüsesorten nach diesem Rezept durchzuprobieren!

Selleriewürfel im Erbspüree, Randen im roten Gewürzsud (S. 26), Einkorndinkel mit sautierten Äpfeln (S. 99)

Selleriestücke mit Äpfeln und Estragon

An Waldorf Astoria
mit vorzüglicher Hochachtung

200 g Knollensellerie, *in dünne Stücke geschnitten*
2 EL Zitronensaft
1 TL Honig
2 TL Wasser
4 Schalotten, *längs geviertelt*
20 g Butter
80 g Apfel, *in Stücke geschnitten und durch Zitronensaft gezogen*
1 EL Estragon, *gezupft*
Salz

Den Sellerie im Zitronensaft marinieren, beiseite stellen.
In einer Sauteuse den Honig mit dem Wasser erhitzen, die Schalotten darin rasch glasieren, herausnehmen. Nun die Butter in derselben Sauteuse schmelzen, den Sellerie darin schwenken, zudecken und bei milder Hitze ca. 10 Minuten auf den Punkt schmoren. Die Äpfel beigeben, salzen, schwenken. Den Estragon und die glacierten Schalotten zufügen. Bild nebenan.

Variationen: Es ist an der Zeit, dass der Sellerie aus dem Schatten der Schmorbraten, der Bouquets garni und der Püreesuppen hervortritt und eigenständige Gerichte prägt. Dieses Rezept ist ein Vorgeschmack darauf.
Grossartig schmeckt dieses Gericht auch mit Wacholder statt Estragon. Den Wacholder aber zusammen mit dem Sellerie marinieren.

Selleriestücke mit Äpfeln und Estragon, Maiskroketten (S. 103)

Broccoli- und Blumenkohlpüree

Voulez-vous purer avec moi?

120 g Blumenkohl, *in Stücke geschnitten*
30 g kalte Butterwürfel
1 Hauch Zitronenschale, *gerieben*
Salz

120 g Broccoli, *in Röschen, ohne Stiel*
2 TL Senf
½ dl Sesamöl
Pfeffer
Sesamsamen, *geröstet (S. 122)*

Den Blumenkohl kalt aufsetzen und weich kochen. Das Kochwasser zurückbehalten. Den Blumenkohl noch heiss mit dem Mixstab und einem Teil des Kochwassers zu einem Püree verarbeiten. Zuletzt die Butterwürfel stückweise einschlagen. Mit Zitronenschale und Salz abschmecken.
Die Broccoliröschen in kochendem Salzwasser blanchieren, kurz abschrecken und abtropfen lassen. Den Broccoli mit dem Senf und einer kleinen Menge des Kochwassers mit dem Mixstab pürieren. Tropfenweise das Öl hineinarbeiten. Wenn nötig ein paar Tropfen heisses Kochwasser beigeben. Mit Pfeffer abschmecken und mit Sesamsamen garnieren. Bild nebenan.

Ein Cutter wäre für die Herstellung von beiden Pürees ideal.

Die Stiele des Broccoli für ein anderes Gericht verwenden.

Ein klassisch geschulter Koch würde die beiden Pürees noch durch ein Sieb streichen. Ich lege aber mehr Wert darauf, dass die Faserstoffe erhalten bleiben.

Variationen: Eine Spur Knoblauch beigeben. Für das Broccolipüree Mandel- oder Haselnussöl verwenden. Auch Erdnussbutter schmeckt fein. Die Garnitur entsprechend ändern.

Broccoli- und Blumenkohlpüree, Lauchmedaillons (S. 36)

Wurzi-Wurzi

Ein Wurzelgericht aus würzigen Urzeiten

1 EL eingesottene Butter
200 g Randen (rote Bete)
150 g Sellerie
150 g Karotten und Pfälzer Möhren, *alle Gemüse in Würfel geschnitten*
1 Gewürzbouquet aus: Senfkörnern, Nelken, Pfefferkörnern, Lorbeer
1 EL Zitronensaft
1 TL Fertigbouillon
Salz

Die Butter stark erhitzen, die Randen darin schwenken. Die Gewürze beigeben, nochmals schwenken. Mit dem Zitronensaft ablöschen und salzen. Sobald der Randensaft ausgetreten ist, die übrigen Gemüse beigeben. Zugedeckt langsam schmoren. Gelegentlich umrühren und bei Bedarf wenig Wasser beigeben. Auf den Punkt garen, dann die Bouillon zugeben, abschmecken. Bild nebenan.

Das Austreten des Randensafts ist wichtig, damit sich die übrigen Gemüse darin in allen Schattierungen verfärben.

Variationen: Bei diesem Rezept handelt es sich um ein beliebtes Original, das durch Abwandlung nur verliert.

Wurzi-Wurzi, Weizenthermo (S. 105), Bärlauchquark (S. 73)

Marinierte Gemüsestücke

Eine anregende Vorspeise

1 Strauss Gewürzkräuter (Lorbeer, Salbei, Rosmarin, Thymian)
2 EL Ingwerwurzel, *in Scheiben geschnitten*
wenig Zitronenschale, *fein abgeschält*
½ Pfefferschote
2 dl Wasser
1 dl Wermut
½ dl Zitronensaft
1 dl Olivenöl
Sojasauce, Salz
800 g Gemüseallerlei, *in hübsche Stücke geschnitten*

Für die Marinade das Kräutersträusschen, Ingwer, Zitronenschale und Pfefferschote zusammen mit dem Wermut im Wasser aufkochen und 10 Minuten ziehen lassen. Die Pfanne vom Feuer nehmen. Zitronensaft und Olivenöl beifügen, mit Sojasauce und Salz abschmecken. Die Marinade muss sehr würzig sein.

Die Gemüsestücke in einem Siebeinsatz im Dampf über sprudelnd kochendem Wasser auf den Punkt garen. In eine flache Platte legen, mit der heissen Marinade übergiessen. Mit einer Klarsichtfolie zudecken und bei Zimmertemperatur ziehen lassen. Nach einigen Stunden oder noch besser am nächsten Tag in vollen Zügen geniessen! Bild nebenan.

Die Gemüse ihrer Kochzeit entsprechend herausnehmen.

Dieses Gericht können Sie lauwarm oder kalt servieren.

Variationen: Von der einfachsten Vinaigrette über starken Gewürzsud, eine Meerrettichmarinade bis zur Joghurtsauce (S. 65): diese Zubereitung können Sie immer aufs neue variieren.

Marinierte Gemüsestücke

Was Sie insgeheim schon immer über die Gemüsezubereitung wissen wollten

Das wichtigste Geheimnis verrate ich Ihnen gleich zu Beginn: Beim Gemüse kommt es nicht in erster Linie auf das Kochen an. Über das Ergebnis nämlich haben Sie schon weitgehend entschieden, *bevor* Sie überhaupt zu kochen anfangen.

Was ich sagen möchte, ist sehr naheliegend. Die Gemüse sind schnellebige Wesen. Ein Tag im Leben einer Pflanze heisst etwa soviel wie ein Jahr für einen Menschen. Stellen Sie sich das nur mal vor: In rasendem Tempo wird aus einem feinen Samen ein Setzling und daraus die Pflanze. Kaum blüht sie, schon formen sich die Früchte und gelangen zur Reife. Doch so weit kommt es oft nicht, da bereits die zarten Blätter geerntet werden. Diese welken dann auch im gleichen Tempo, wie sie gewachsen sind. Wenn Sie einmal aufmerksam beobachten, was mit Gemüse passiert, wenn es einen Tag lang in der Küche herumliegt, merken Sie es selbst: Das Gemüse ist empfindlich, es verändert sich und verdirbt rasch, auch wenn man es nicht sofort bemerkt. Wird das Gemüse in der Regel nur deshalb schlechter behandelt, weil es keine Flügel und Flossen hat?

Es spielt eine Rolle, wie das Gemüse geerntet und danach weiter behandelt wird, ob es herumgeworfen wird oder in der Hitze steht oder gar grossen Temperaturschwankungen ausgesetzt ist. Und natürlich spielt es eine grosse Rolle, wie es gezüchtet, gepflanzt und aufgezogen wurde: Waren Sie je bei einer «Schutzmittel»-Spritzung zugegen, sahen Sie sich so ein frischgespritztes Gemüsefeld einmal aus nächster Nähe an? Haben Sie jemals ein Hochleistungstreibhaus betreten, dessen Klima und den Gestank erlebt?
Mit Vergleichen von Rückstandsanalysen zwischen konventionellen und Bio-Produkten braucht man gar nicht zu argumentieren. Es geht hier nicht um Rückstände, sondern um *gesunden Menschenverstand.* Man kann nicht vollwertig kochen aus purer Angst vor unerwünschten Stoffen. Es kann nur gelingen aus Freude an der urtümlichen Kraft und Güte der Produkte.

Bevor Sie also Gemüse kochen, kaufen Sie sorgfältig und überlegt ein. Lagern Sie das Gemüse entsprechend. Behandeln Sie es, wie Sie Blumen behandeln würden. Schneiden und schälen Sie nur das Nötigste weg. Oft sind Blätter, Stiele, Strunk und Schalen, die wir aus unbedachter Gewohnheit wegwerfen, für eine ausgewogene Ernährung wertvoll. Das Feine ist ohne das Grobe nicht komplett. Vollwert heisst auch: *Nichts ist wertlos.*

Es kommt vor, dass Ihnen je nach Angebot nur noch überlagertes oder überreifes Gemüse und Obst zur Verfügung steht. Achten Sie es deshalb nicht gering. Es hat einfach andere Qualitäten. Wählen Sie in diesem Fall die geeignete Zubereitungsart. Langgeschmortes Gemüse, eine deftige Suppe, ein weichgekochtes Püree haben durchaus ihren Platz auf einem ausgewogenen Speisezettel.

Überhaupt sollten Sie nicht übertrieben vitamingierig werden. Machen Sie aus der Frische keine Religion. Erliegen Sie bitte nicht dem weitverbreiteten Fanatismus in Ernährungsfragen.

Besonderheiten der Gemüsezubereitung

Die Verwendung von Gemüse für Rohkost, Salate und Vorspeisen bleibt hier bewusst ausgeklammert.

«Alle Köche kochen nur mit Wasser.»
Und mit Feuer.
Das dritte Element, das beim Gemüsekochen nicht fehlen darf, ist die Schnelligkeit.
Fast alles, was mit Gemüse zu tun hat, soll rasch und behende über die Bühne gehen. Hauptmerkmale von Gemüse und Obst sind allgemein ihre Empfindlichkeit, ihr hoher Wassergehalt (Verwelken), ihr hoher Gehalt an raschverderblichen Vitalstoffen und ihre empfindliche Farbe. Dem muss die Zubereitung Rechnung tragen.

Der Garpunkt von Gemüse gibt immer wieder zu Diskussionen Anlass. Grundsätzlich soll sich der Garpunkt nach dem Charakter des jeweiligen Gerichtes und nach den Vorlieben der Gäste richten. Ich persönlich ziehe Gemüse vor, die noch zu ihrer Farbe und Form stehen. Sie sind nicht roh oder halbroh, sondern durchgegart, aber nur genau bis zu dem Punkt, wo sie noch «die Haltung wahren» und nicht zusammenfallen.

Die wichtigsten Zubereitungsarten für Gemüse

Blanchieren: Im kochenden Wasser rasch überbrühen. Das Blanchieren ist meistens eine vorbereitende Handlung, die vor allem dem Erhalten der Farbe dient. Merkmale sind: reichlich Wasser, eventuell gesalzen, wallendes Kochen, kein Zudecken. Blattgemüse nur einige Sekunden lang, härtere Gemüse bis zu 90 Sekunden überwallen. Wurzelgemüse, Blumenkohl usw. mit Vorteil am Stück oder halbiert blanchieren. Erst nachher schneiden. Nach dem Blanchieren *sofort* abkühlen. Klassischerweise wird im Eiswasser abgekühlt, eine Methode, die gut vertretbar ist, wenn das Gemüse nur einige Momente im Wasser bleibt. (Im Restaurant ist dafür ein Turbo-Kühlschrank optimal.) Das Blanchierwasser nach Möglichkeit weiterverwenden.

Garen im Dampf: Über kochendem Wasser in einem Siebeinsatz bei geschlossenem Deckel garen. Diese zunehmend aufkommende Methode ist nicht bar jeder Tücke. Im Haushalt soll man vor allem nicht zuviel Wasser nehmen, damit die austretenden Säfte nicht so stark verdünnt werden, dass eine Weiterverwendung keinen Sinn mehr hat. Bei dem im Gastgewerbe verwendeten Steamer *immer* eine Schale zum Auffangen des Saftes unterschieben. Der Witz dieser Methode liegt darin, dass man den Dampf verschieden parfümieren kann. Das zarte Aroma überträgt sich aufs Kochgut, was allerdings besonders dem Fisch gut ansteht.

Kochen: Kartoffeln, geschält oder in der Schale (Pellkartoffeln), ganze Randen (rote Bete) usw. werden gesalzen und kalt aufgesetzt. Spargeln nicht wallend kochen. Artischocken nur ausnahmsweise kochen, es gibt bessere Zubereitungsarten für dieses aussergewöhnliche Gemüse.

Kochen von Hülsenfrüchten: Der guten Verdaulichkeit zuliebe lasse ich nur eine einzige, wahre und alleinseligmachende Methode gelten: über Nacht in viel, viel Wasser einweichen. Abgiessen, gut abspülen und kalt aufsetzen. Salz sollte sich beim Hülsenfrüchte- und Getreidekochen auf sichere Distanz halten (mehr darüber auf Seite 116). Die Hülsenfrüchte langsam aufkochen und bei kleinster Hitze leise köcheln lassen. Der Deckel ist etwas geöffnet (Kochlöffel unterlegen). Je nach weiterer Verwendung die Hülsenfrüchte weich oder knapp weich kochen. Bei Verwendung für Salat die Hitze abschalten, sobald die Hülsenfrüchte knapp gar sind, und noch ca. 20 Minuten stehen lassen.
Das Kochwasser weiterverwenden (unübertrefflich zum Kochen von Reis). Die Hülsenfrüchte kalt abspülen und gemäss Rezept weiterverarbeiten.

Kochen im Sud: Eine sehr spannende Kochart. Eingehend beschrieben in den Rezepten auf Seite 26 und 27. Probieren Sie mal grössere Apfel- oder Birnenstücke auf diese Weise.

Sautieren: Rasch bei grosser Hitze mit Fett ohne zusätzliche Flüssigkeit in der Pfanne schwenken. Eine reizvolle und beliebte Zubereitungsart für Gemüse, das roh oder blanchiert so gegart werden kann. Die Pfanne soll sehr heiss sein (siehe S. 123), das Gemüse wird darin durch Hin- und Herbewegen der Pfanne gewendet. Saft soll nicht austreten, daher erst am Ende salzen. Eventuell am Schluss mit wenig Flüssigkeit ablöschen, um den aromatischen Satz vom Pfannenboden zu lösen.

Schmoren: Zugedecktes Dünsten im eigenen Saft – die altbewährte, klassische Zubereitung. Das Prinzip: Das Kochgut wird scharf und rasch erhitzt, um die Poren zu schliessen. Danach salzen, um den Saft zu ziehen, und je nach Gemüsesorte eventuell durch Ablöschen mit zusätzlicher Flüssigkeit nachhelfen. Hitze reduzieren, zudecken und im aufsteigenden Dampf garen. Immer für ein Minimum an Flüssigkeit sorgen, deshalb oft den Stand kontrollieren und bei Bedarf teelöffelweise Flüssigkeit nachgiessen.

Braten in der Pfanne: In erster Linie zum Ausbacken der verschiedensten Massen oder in irgendeiner Weise vorbereiteten Gemüse verwendet. Regeln: Die Pfanne wird leer und trocken auf die notwendige Temperatur erhitzt (Handprobe). Dann kommt das Bratfett hinein (eingesottene Butter, Maiskeimöl, Erdnussöl, Olivenöl oder eine Mischung aus diesen). Das Bratgut wird darin je nach Rezept schneller oder langsamer auf beiden Seiten ausgebacken. In einer guten Bratpfanne kann man auf das Bratfett weitgehend verzichten, insbesondere wenn im Bratgut bereits etwas Öl enthalten ist. Kartoffelrösti wird ebenfalls nach dieser Art in der Pfanne gebraten.

Backen im Backofen: Der Backofen ist ein sehr vielseitiges Gerät. Er dient zur Herstellung einer breiten Vielfalt von Produkten: von Brot und Gebäck über Kuchen, Quiches, Pizza, Lasagne, Soufflé, Gratins, Maultaschen, Gemüse, ganz oder im Mantel, Gemüseschnitten, gespritzten Makronen, gefülltem Gemüse bis zum Garen von Getreide und Hülsenfrüchten.
In der Regel wird der Backofen zuerst vorgeheizt und das Backgut erst dann in den heissen Backofen geschoben, um die Poren durch einen Hitzeschock zu schliessen. Auf diese Weise wird ein übermässiges Austrocknen vermieden. Bei empfindlichem Backgut wird manchmal noch Flüssigkeit aufs Backblech oder in ein zusätzliches Gefäss gegossen, um die Feuchtigkeit zu regulieren. Das Backen ist relativ energieaufwendig, deshalb mit Köpfchen backen! Oft kann man im Ofen gleichzeitig mehrere Gerichte herstellen; auch lässt sich die Hitzezufuhr früher als gewohnt reduzieren oder abstellen und die Resthitze geschickt nutzen (Getreide ausquellen lassen oder darren, Obst dörren usw.).

Gratinieren: Im Backofen bei starker Oberhitze knusprig überbacken – eine bewährte und beliebte Zubereitungsart für verschiedene Gemüse. Gratinsauce enthält meistens einen Teil Käse und fast immer Eier und Rahm (Sahne), wobei letzterer grossartig durch Joghurt ersetzbar ist. Italienische Gratinsauce besteht aus einer Weissen Sauce (Béchamelsauce), mit gutschmelzendem Käse vermischt. Das Gratinieren muss schnell gehen, damit der Inhalt nicht austrocknet. Der Reiz dieser Zubereitung liegt im Kontrast zwischen knuspriger Oberfläche und zartem, saftigem Inneren.

Fritieren: Im heissen Öl schwimmend backen. Diese Zubereitung ist besser als ihr Ruf, wenn sie nach allen Regeln der Kunst durchgeführt wird. Wichtig ist die Qualität und die Pflege des Öls: eine geeignete Ölsorte verwenden, nach jedem Gebrauch filtrieren, dunkel und verschlossen aufbewahren, nicht zu alt werden lassen. Die Temperatur von 200 °C darf nicht überschritten werden, da das Öl sonst verbrennt; deshalb eine Friteuse mit zuverlässigem Thermostat verwenden. Die Arbeitstemperatur soll konstant bleiben – in der Gemüseküche ca. 180 °C. Das Fritiergut muss trocken sein. Neben grosser Spritzgefahr leidet auch die Qualität des Öls durch Wassertropfen (und durch Salz!). Das Fritiergut darf erst in die voll erhitzte Friture kommen, damit sich die Poren *sofort* schliessen und das Bratgut kein Öl aufnimmt. Aus dem gleichem Grund nur soviel Backgut auf einmal hineingeben, dass die Temperatur nicht abstürzt. Das Backgut nach dem Fritieren auf Küchenpapier gut abtropfen lassen.

Heiss Marinieren ist eine interessante und schonende Zubereitungsart. Das vorbereitete und geschnittene Gemüse wird mit heisser Marinade übergossen. Durch die kurze Erwärmung wird das Gemüse weicher und nimmt leicht die Gewürzmarinade auf. Es ist sozusagen ein kaltes Garen. Ein Beispiel solcher Zubereitung finden Sie auf S. 60.

Kalt Marinieren: So wie man z. B. das Fleisch vom Wild in Beize legt, um es zum Schmoren vorzubereiten, kann man auch mit dem Gemüse verfahren. Geschmortes Rotkraut schmeckt noch besser, wenn es bereits am Vortag geschnitten und mit Rotwein, Essig, Apfelstücken und Lorbeer, Wacholder oder Majoran mariniert wurde. Glasierte Karotten werden richtig gut, wenn sie am Vortag mit Zitronensaft versetzt wurden. Oder wie sind erst Schalotten und Perlzwiebeln, die einen Tag lang in Sherry oder Marsala gelegen sind und dann sautiert werden?

Grillieren: Im Sommer, wenn alles ins Freie drängt und sich um die Feuerstellen zum Wurst- und Speckbraten schart, stehen wir mit der rohen Karotte zwischen den Zähnen diskret zur Seite? Mitnichten! Kartoffeln in der Glut, einen Maiskolben oder Apfel vom Feuer – das kennen die meisten.
Wer aber einmal eine gespickte Aubergine, einen jungen Lauch oder eine grüne Zwiebel, Peperonistücke (Paprikaschoten) marinierte Zucchinihälften,

ganze Tomaten, Artischocken, panierte Patissons, Brüsseler Chicorée, Kürbisstücke oder gar frischen, grünen Knoblauch vom Feuergrill gekostet hat, ist ihnen verfallen.
Hier sind die Tips dazu, keine Rezepte.

Direkt am lebenden Feuer zu kochen, ist die ursprünglichste und auch die am meisten zufriedenstellende Methode, die ich kenne, um Nahrung zu bereiten. Das Beherzigen einiger Grundregeln ist jedoch Voraussetzung zum Erfolg: Gekocht oder gegrillt wird nicht am Feuer, sondern an der Glut. Um richtige Glut zu erhalten, muss man einiges an Holz relativ rasch verbrennen, deshalb dünne Äste oder dünn gespaltenes Holz nehmen. Sobald die Flammen nicht mehr lodern, das saubere Grillgitter installieren. Ein Gefäss mit Wasser bereithalten. Es dient zum Abkühlen der Hände, die mit dem Grillgut hantieren. Zusätzlich kann man mit gezielten Wasserspritzern in die Glut die Gluttemperatur sehr genau kontrollieren.

Damit das Grillgut nicht am Gitter anklebt, sollte es entsprechend vorbereitet sein. In den meisten Fällen wird es geölt oder mariniert. Das Grillgut auf dem Gitter ausbreiten, nach einer Weile wenden. Der Zauber der geballten Glut besteht darin, dass es rasch geht. Das Grillgut gart sozusagen im eigenen Saft, es hat gar keine Zeit, auszutrocknen!
Deshalb sollen die Gemüse auch gar nicht geputzt oder gerüstet sein. Die äusseren Schichten, die man normalerweise z. B. bei der Zwiebel entfernt, dienen hier gerade als Schutz gegen das Austrocknen. Am Ende des Garens zieht man die verkohlten äusseren Schalen ab – und zum Vorschein kommt das zarte, saftige Innere.

Was man eigentlich weiss, aber lieber nicht wüsste

Der Verarbeitungsvorgang beim Gemüse geht so:
- grob reinigen und waschen
- bürsten oder schälen, abspülen
- schneiden oder zerkleinern
- zubereiten.

Ohne Ausnahme soll diese Reihenfolge eingehalten werden. Alle erdenklichen Abkürzungen und Vereinfachungstricks führen nur dazu, dass das Gemüse unnötig ausgewaschen und ausgelaugt wird, oxydiert oder sonstwie leidet. Küchenmethoden wie das Waschen des kleingeschnittenen Lauchs unter fliessendem Wasser, Wässern des geschnittenen Wirsings, Waschen der entstielten Kirschen oder Erdbeeren, Einlegen der geschälten Äpfel in Wasser und ähnliches sollten endgültig der Vergangenheit angehören.

Die Saucenrezepte

Die Sauce – das Stiefkind der vegetarischen Küche

Zartschmelzend, würzig, prickelnd, harmonisch, rund, pfiffig, sanft, erfrischend, sämig, perlend, herzhaft, geschmeidig … Bei der Sauce sind der Fantasie und den Variationsmöglichkeiten fast keine Grenzen gesetzt!
Und dennoch: In der traditionellen Küche werden Saucen fast immer aus den verschiedensten Fleisch- und Knochenauszügen hergestellt und meist mit Rahm «verfeinert». Wer aber schlank und dazu vegetarisch kochen will, muss sich schon einiges mehr einfallen lassen. Anregungen dazu finden Sie auf den folgenden Seiten.

Mandelmond mit Spinat und Koriander (S. 22), Karottensauce mit Zitronenmelisse und Champagner (S. 71)

Randensauce mit Sternanis

Ein greller Farbtupfer

1 EL Vollreis, *vorgekocht*
2 dl Wasser
50 g kalte Butterwürfel
100 g Randen (rote Bete), *ganz im Salzwasser gekocht, geschält und gewürfelt*
½ EL Zwiebel, *feingeschnitten*
½ TL Senf
1 Prise Sternanispulver
1 Spur Zitronensaft
Salz, Tabasco

Zuerst eine Reisbindung (S. 84) herstellen: Den gekochten Reis mit dem Wasser aufsetzen und gut aufquellen lassen. Dann im Mixer pürieren und die Butter nach und nach beigeben, bis eine glatte, weisse Masse entsteht. Bei laufendem Mixer die noch heissen Randenwürfel einarbeiten, danach Zwiebel, Senf, Sternanis und Zitronensaft beigeben. Gut durchmixen, abschmecken. Bild nebenan.

Variationen: Als Gewürz eignen sich auch Meerrettich, Senfsamen, Fenchelpulver, Majoran, Thymian und Schnittlauch.
Nach Lust und Laune heisse Milch, Joghurt oder Sauerrahm beigeben.

Bei Bedarf mit heisser Bouillon verdünnen.

Die schöne Farbe der Sauce geht durch langes Warmhalten oder starkes Erhitzen verloren.

Kichererbssauce mit Senf

Noch nie gehabt?

1 dl Kichererbsen, *eingeweicht, dann weichgekocht (S. 54)*
2 TL Senfkörner
1 TL Senf
1 Hauch Zitronenschale, *abgerieben*
1 Spur Zitronensaft
Salz
½ dl Distelöl

Die Kichererbsen noch heiss mit einem Teil des Kochwassers im Mixer pürieren. Bei laufendem Mixer Senfkörner, Senf, Zitronenschale und -saft sowie Salz beigeben. Zuletzt das Öl tropfenweise einarbeiten. Bild nebenan.

Variationen: Diese neuartige Saucenbindung können Sie auch mit anderen Hülsenfrüchten herstellen. Am besten bewähren sich weisse Bohnen (S. 75), rote Linsen, grüne (S. 43) und gelbe Erbsen. Variieren Sie das Rezept mit verschiedenen Ölen, exotischen Gewürzen, verschiedensten Küchenkräutern, Sie werden erstaunliche Resultate erhalten.

Bei Bedarf noch etwas vom heissen Kochwasser nachgeben.

Die Zubereitung dieser Sauce entspricht der einer Mayonnaise: Das Öl muss vollständig emulgieren (S. 83). Die Sauce wird dadurch immer heller und schöner.

Ein Schuss Balsamessig wirkt hier Wunder. Entdecken Sie's selbst!

Knallfarbiges Saucentrio: Randensauce mit Sternanis, Kichererbssauce mit Senf, Grüne Broccolisauce (S. 62), Leichte Weizenklösschen (S. 104)

Grüne Broccolisauce

Eine heikle Sache

1 EL Vollreis, *vorgekocht*
2 dl Wasser
½ dl Olivenöl
100 g Broccoli, *nur die grünsten Röschen*
½ Knoblauchzehe, *gepresst*
Salz, Cayennepfeffer

Aus dem vorgekochten Reis die Reisbindung herstellen, wie S. 84 beschrieben. Den Broccoli blanchieren, kurz abschrecken, aber nicht abkühlen lassen. Im Mixer mit der noch heissen Reisbindung und dem Knoblauch pürieren. Mit Salz und Cayennepfeffer abschmecken. Bild S. 61.

Variationen: Aufgepasst: mit vielen Gewürzen verträgt sich Broccoli nur schlecht. Neben Knoblauch passen noch Senf, Sesampüree oder geröstete Mandeln.
Anstelle der Reisbindung können Sie auch frischgekochte weisse Bohnen mit Distelöl als Grundmasse nehmen (S. 75).

Hinweise zum Blanchieren finden Sie auf S. 53.

Die Farbe von Broccoli ist sehr säureempfindlich. Zitronensaft und Essig meiden.

Vorsicht mit der Hitze, da die Farbe des Broccoli schnell verblasst.

Perlende Gorgonzolasauce

Würzig und schmackhaft

2 EL Vollreis, *vorgekocht*
2 dl Wasser
30 g kalte Butterwürfel
80 g Gorgonzola
2 dl Milch
1 EL Zwiebel, *feingehackt*
½ TL Senf
Salz, Pfeffer
1 Spur Zitronensaft

Aus dem vorgekochten Reis, dem Wasser und den kalten Butterwürfeln eine Reisbindung (S. 84) vorbereiten.
Den Gorgonzola mit der Milch aufkochen und in die heisse Reisbindung einmixen. Zuletzt die rohe Zwiebel beifügen und mitmixen. Mit Senf, Salz, Pfeffer und wenig Zitronensaft abschmecken. Noch schäumend auftragen. Bild nebenan.

Variationen: Auch andere Käsesorten lassen sich auf diese Art zu spannenden Saucen verarbeiten.

Den Reis so lange quellen lassen, bis das ganze Wasser aufgesogen ist.

Die rohe Zwiebel verleiht der Sauce eine erfrischende Schärfe. Sie wird allein durch die Eigenhitze der Sauce gegart.

Perlende Gorgonzolasauce, Lattichgemüse (S. 21), Knusprige Roggenstengel (S. 98)

Currysauce mit Sommerbeeren

Ein Sommernachtstraum

1 EL Maiskeimöl
3 EL Sellerie, *kleingeschnitten*
100 g Kartoffeln, *kleingeschnitten*
1 EL Lauch, *kleingeschnitten*
2 EL Äpfel, *kleingeschnitten*
1 TL Petersilie, *feingeschnitten*
1 EL mildes Currypulver
ca. 4 dl Wasser, *heiss*
½ dl Distelöl
Salz
1 Hauch Zitronenschale, *abgerieben*
1 Spritzer Zitronensaft
300 g gemischte Sommerbeeren

Sellerie, Kartoffeln und Lauch im Öl gut anschwitzen. Äpfel, Petersilie und Curry beigeben. Gut verrühren und mit einem Schuss Wasser ablöschen. Zudecken und leise schmoren lassen. Gelegentlich umrühren. Sobald die Kartoffeln ganz weich sind, alles im Mixer sehr fein pürieren, das Distelöl tropfenweise einarbeiten und mit dem heissen Wasser verdünnen. Mit Salz, Zitronensaft und -schale sanft abschmecken. Mit den Beeren garnieren. Bild nebenan.

Bei Bedarf Wasser nachgiessen.

Über das Emulgieren lesen Sie auf S. 83ff.

Variationen: Natürlich können Sie ausserhalb der Beerenzeit auch andere Früchte verwenden, sie passen alle. Äpfel und Birnen, wenn sie sehr süss sind, vorher mit etwas Zitronensaft marinieren.

Currysauce mit Sommerbeeren, Linsenreis (S. 101)

Erfrischende Joghurtsauce

Ein kalter Dip, der Sie ganz heiss macht

1 EL Vitaminhefe (Hefeflocken)
2 EL Olivenöl
2 dl Joghurt
1 TL Sojasauce
1 Spur Senf
1 Hauch Zitronenschale, *abgerieben*
1 EL Kräuter, *kleingeschnitten*
Salz

Die Vitaminhefe mit dem Öl aufschlagen, löffelweise den Joghurt beigeben und glattrühren. Die übrigen Zutaten beigeben und nochmals kräftig durchmischen. Das Resultat muss eine glänzende, glatte, frisch und spritzig schmeckende kalte Sauce sein. Bild nebenan.

Variationen: Wenn Sie mal Gäste haben, die keine Eier vertragen, und Sie doch auf eine Mayonnaise nicht verzichten wollen, verzweifeln Sie nicht! Nehmen Sie das Rezept der hier beschriebenen Joghurtsauce, jedoch ohne Kräuter und mit der Hälfte des Joghurts. Schlagen Sie mit dem Schneebesen tropfenweise noch Distelöl ein. Wie bei der «echten» Mayonnaise, verdünnen Sie zwischendurch mit Zitronensaft oder warmem Wasser. Abschmecken wie gehabt. Ausser den Eingeweihten und den Eingeweiden wird keiner einen Unterschied zur Mayonnaise ausmachen können.
Auch für eine Aïoli-, Tartare- oder Remouladensauce ohne Eier bietet diese Joghurtsauce die Basis.

Hier ist exaktes Arbeiten sehr wichtig, damit alle Zutaten gut emulgieren. Es dürfen sich keine Klumpen bilden (S. 83 ff.).

Im Mixer gerade nur soviel Joghurt beigeben, wie nötig ist, damit sich die Masse bewegt. Den Rest Joghurt und die Kräuter erst am Ende von Hand beimischen, da die Sauce sonst zu dünn wird.

Erfrischende Joghurtsauce, Sesamburger (S. 102) im Bunten Salatbeet (S. 27)

Prickelndes Meerrettichsösschen

Das hätte Grossmama nie so gemacht

1 dl Vollreis, *vorgekocht*
3 dl Wasser
2 EL kalte Butterwürfel
½ EL Zwiebeln, *gehackt*
2 EL Meerrettich, *frisch gerieben*
Salz, Zitronensaft
evtl. ½ TL Senf

Den vorgekochten Reis mit dem Wasser nochmals aufsetzen und bei milder Hitze mindestens 30 Minuten quellen lassen (S. 84). Mit der Flüssigkeit im Mixer pürieren. Bei laufendem Mixer die Butterwürfel nacheinander zugeben. Dann die Zwiebel und den Meerrettich beigeben, nochmals kurz mixen. Mit Salz, sehr wenig Zitronensaft und eventuell einer Spur Senf abschmecken. Wenn nötig mit heissem Wasser verdünnen. Das Resultat soll eine helle, glänzend-luftige Sauce von prickelnd angenehmer Schärfe sein. Bild S. 87.

Variationen: 1 TL Honig, weisser Pfeffer und etwas mehr Zitronensaft verleihen dieser Sauce noch mehr Rasse.

Damit die Butter gut emulgiert, sollte die Masse so heiss wie möglich sein.

Zusätzliche Angaben zur Saucenzubereitung finden Sie auf Seite 83.

Meerrettich erst kurz vor Gebrauch reiben und immer gut mit Klarsichtfolie zudecken, denn das kostbare Aroma verflüchtigt sich sehr schnell.

Tomatensauce mit Minze

Nostalgie nach Napoli

3 dl nichtkonzentriertes Tomatenmark
40 g kalte Butterwürfel
evtl. eine Spur Honig
1 Schuss Zitronensaft
Salz
1 EL Pfefferminze, *feingeschnitten*

Das Tomatenmark kurz aufkochen. Die Butterwürfel mit dem Schneebesen nach und nach einarbeiten. Mit Honig, Zitronensaft und Salz abschmecken. Einen Teil der Minze hineinrühren. Beim Anrichten die restliche Minze über die Sauce streuen. Bild S. 115.

Variationen: Selbstverständlich können Sie die Minze durch Basilikum, Salbei, Rosmarin, Thymian oder andere aromatische Kräuter ersetzen.

Näheres über das Einschlagen der Butter auf S. 83ff.

Süss-saure Tomatensauce

Nur Ketchup ist besser

3 dl nichtkonzentriertes Tomatenmark
1 EL Kuzu oder Pfeilwurzmehl
1 EL Sherry
½ EL Birnendicksaft
1 EL Essig
1 Hauch Zitronenschale, *abgerieben*
Salz

Das Tomatenmark rasch aufkochen und sofort mit dem im Sherry aufgelösten Kuzu oder Pfeilwurzmehl abbinden. Mit Birnendicksaft, Essig, Zitronenschale und Salz abschmecken. Die Sauce soll kräftig süss-sauer schmecken, aber nur wenig Salz enthalten, damit der Tomatengeschmack voll zur Geltung kommt. Bild S. 31.

Das Tomatenmark kann durch passierte Pelati ersetzt werden.

Falls das Tomatenmark zu dickflüssig ist, mit wenig Wasser verdünnen.

Zarte Joghurtsauce

Originell und vielseitig verwendbar

2 dl milder Joghurt
1 dl Vollreis, *vorgekocht*
2 dl Wasser
40 g kalte Butterwürfel
Salz, Cayennepfeffer

Den Joghurt in einer grösseren Schüssel glattrühren. Beiseite stellen.
Eine weisse Sauce auf Reisbasis zubereiten (S. 68, 84). Sobald die Butter aufmontiert ist, die Sauce vorsichtig mit dem Schneebesen unter den Joghurt rühren, bis die Masse glatt ist. Mit Salz und Cayennepfeffer abschmecken. Bild S. 34.

Wegen dem Joghurt darf diese Sauce nach der Fertigstellung nur noch vorsichtig erwärmt werden, aber nicht mehr kochen.

Variationen: Diese Sauce ist sehr delikat und passt beinahe zu jedem Gericht. Sie ergibt eine ausgezeichnete Grundlage für Dill- und andere Kräutersaucen (einfach frisch geschnittene Kräuter beigeben). Gefärbt mit Safran oder Gelbwurz, mit Spinat- oder Randensaft; gewürzt mit gepresstem Knoblauch, mit Lorbeer (von Anfang an beigeben und mitpürieren), mit Ingwer oder gemahlenen Gewürzsamen (Fenchel, Anis, Kardamom, Kümmel, Senf usw.): Entdecken Sie weitere Spielarten!
Lauwarm zu Spargeln schmeckt diese Sauce grossartig.

Portweinsauce mit Silberzwiebeln und Rosmarin

Ein Klassiker könnte es sein

150 g Silberzwiebeln
1 EL Olivenöl
1 El Birnendicksaft
1 EL Aceto balsamico
4½ dl Portwein
1 Stück Orangenschale
1 Rosmarinzweig
1 Lorbeerblatt
1 EL Kuzu oder Pfeilwurzmehl
½ dl Portwein
Salz

Die Silberzwiebeln im Olivenöl marinieren.
Eine schwere Bratpfanne stark erhitzen, die marinierten Zwiebelchen darin fest rüttelnd rasch andünsten. Nach 10 Sekunden den Birnendicksaft dazugeben und beinahe karamelisieren lassen. Mit dem Balsamessig ablöschen. Sobald der Essig verdampft ist, die Pfanne vom Feuer nehmen und die Zwiebeln herausheben.
Den Portwein mit Orangenschale, Rosmarin und Lorbeer in dieselbe Bratpfanne geben. Den Bratsatz damit auflösen und die Flüssigkeit auf die Hälfte einkochen lassen. Die Gewürze entfernen und die Sauce mit dem in Portwein aufgelösten Kuzu oder Pfeilwurzmehl abbinden. Die Zwiebeln wieder hineingeben, mit etwas Salz abschmecken und servieren. Bild S. 93.

Raffinierte Zitrussauce

Blumig und reizvoll

1 dl Vollreis, *vorgekocht*
2 dl Wasser
50 g kalte Butterwürfel
evtl. 1 Spur Birnendicksaft
1 Schuss Orangensaft
1 Spritzer Zitronensaft
Cayennepfeffer, Salz
1 EL Zeste von Zitrusfrüchten, *feingeschnitten*

Diese Sauce wird gleich zubereitet wie die Champagnersauce (S. 71). Zuletzt die feingeschnittene Zitrusfruchtzeste beifügen. Bild S. 18.

Zeste ist die hauchdünn abgeschnittene Schale einer Zitrusfrucht.

Variationen: Wagen Sie es mal mit zerstossenen Gewürzsamen wie Senfkörnern, Fenchel, Anis, Koriander, Kümmel (jeweils nur eine Sorte).

Champagnersauce

Besser noch als im Cüpli

1 dl Vollreis, *vorgekocht*
2 dl trockener Weisswein
60 g kalte Butterwürfel
1 dl Gemüsebouillon (S. 41)
1 TL milder Honig
1 Schuss Champagner
Pfeffer
Salz

Den Reis mit dem Weisswein aufsetzen und mindestens 30 Minuten ziehen lassen. Die ganze Masse so heiss wie möglich im Mixer pürieren. Bei laufendem Mixer die Butterwürfel nacheinander beigeben. Bei Bedarf mit der heissen Bouillon verdünnen. Mit Honig, Champagner, reichlich Pfeffer und Salz abschmecken, servieren. Die Sauce soll leuchtend hell sein, lebhaft und leicht. Bild S. 17.

Über die Besonderheit dieser Reisbindung erfahren Sie mehr auf S. 84.

Das Prinzip des Emulgierens, welches die Grundlage der meisten Saucen bildet, wird auf S. 83 eingehend erläutert.

Karottensauce mit Zitronenmelisse und Champagner

Das hätte ich ihr nie zugetraut!

250 g Karotten, *kleingewürfelt*
3 dl Apfelsaft
60 g kalte Butterwürfel
Salz, Cayennepfeffer
1 Schuss Champagner
1 EL Zitronenmelisse, *in feine Streifen geschnitten*

Die Karottenwürfel im Apfelsaft weich kochen. Mitsamt der Flüssigkeit so heiss wie möglich im Mixer pürieren, die Butterwürfel nach und nach zugeben und einarbeiten. Mit Salz, Cayennepfeffer und einem guten Schuss Champagner abschmecken. Anrichten und mit der Zitronenmelisse bestreuen. Bild S. 58.

Variationen: Die Karotte lässt sich dankbar mit den meisten aromatischen Kräutern und genausogut mit den Schalen von Zitrusfrüchten kombinieren. Experimente lohnen sich!
Versuchen Sie an Stelle des Champagners einen trokkenen Wermut.

Wenn Sie ein wenig vorgekochten Reis mitkochen, wird die Sauce noch sämiger (S. 84).

Fenchel in Paprikasauce

Ungar's Herz schlägt höher

2 EL Butter
2 EL Vollmehl
1 EL mildes Paprikapulver
1 Knoblauchzehe, *gepresst*
2 dl Wasser, *heiss*
1 dl Milch, *erhitzt*
½ dl Rahm

1 TL Maiskeimöl
1 EL Wasser
200 g Fenchel, *in gröbere Stücke geschnitten*
Salz

Zuerst die Sauce vorbereiten: Butter schmelzen, das Mehl hineinrühren und leicht anschwitzen lassen. Vom Feuer nehmen, den Paprika hineinrühren, anschliessend den Knoblauch. Nach und nach das heisse Wasser beigeben und glattrühren. Zuletzt die heisse Milch beimischen. Unter gelegentlichem Umrühren auf kleinster Stufe 1 Stunde ziehen lassen. Wenn nötig zwischendurch mit heissem Wasser verdünnen. Am Schluss den Rahm beigeben.
In einer zweiten Pfanne Öl mit Wasser erhitzen, die Fenchelstücke hineingeben, salzen und weich schmoren. Die noch heisse Paprikasauce darübergiessen und abschmecken. Bild S. 109.

Wenn Sie den Paprika überhitzen, wird er bitter.

Die Sauce ja nicht anbrennen lassen.

Das Öl zusammen mit dem Wasser in die Pfanne geben und erhitzen. Den Fenchel beigeben, bevor das Öl spritzt!

Goldene Kürbissauce mit Dill und Wermut

Ein glänzender Dreh

150 g oranger Kürbis, *in Würfel geschnitten*
2 dl Weisswein
50 g kalte Butterwürfel
1 Spur Knoblauch
1 Hauch Zitronenschale, *abgerieben*
Salz
1 Schuss Noilly-Prat
frischer Dill, *gezupft*

Den Kürbis mit dem Wein aufsetzen und weich kochen. Noch heiss im Mixer pürieren, die Butterwürfel nach und nach beigeben und einarbeiten. Mit Knoblauch, Zitronenschale, Salz und Wermut abschmecken. Beim Anrichten mit Dill bestreuen. Bild S. 33.

Variationen: Die Kürbissauce erhält eine andere Note, wenn Sie die Butter durch Sonnenblumenöl ersetzen. Probieren Sie Salbei, grünen Pfeffer oder Muskatblüten anstelle von Dill.
Beim Mixen etwas Gorgonzola zugeben.

Bärlauchquark

Bärenstark

Alle Zutaten in Zimmertemperatur:
40 g Butter
Salz
1 EL Senf
1 TL Vitaminhefe (Hefeflocken)
100 g Vollmilchquark
1 Schuss Olivenöl
4 EL Bärlauch, *feingeschnitten*
1 Hauch Zitronenschale
1 Spur Zitronensaft

Die Butter mit Salz und Senf schaumig schlagen. Unter ständigem Rühren die Hefe einstreuen, dann löffelweise den Quark einarbeiten. Sobald die Masse glatt, luftig und homogen ist, Olivenöl, Bärlauch, Zitronenschale und -saft beimischen, abschmecken. Der Bärlauchquark darf nicht blass und langweilig sein, sondern soll vollmundig und kräftig schmekken. Bild S. 49.

Variationen: Klassischer Kräuterquark wird nach demselben Rezept hergestellt. Fügen Sie eine Spur mehr Senf, einen Hauch Knoblauch, Petersilie, Schnittlauch und einen Schuss Tabasco bei.

Die Butter muss durch die hineingeschlagene Luft richtiggehend weiss werden, bevor der Quark hineingerührt wird.

Um ein Spitzenresultat zu erzielen, können Sie dem sorgfältigen Verbinden von Butter und Quark gar nicht genug Beachtung schenken.

Falls Sie mit dem Handmixer arbeiten, den Bärlauch erst nach dem Mixen beigeben. Grundsätzlich sollten Kräuter nicht mit stumpfem Messer oder maschinell bearbeitet werden. Bärlauch reagiert besonders heikel auf Quetschungen. Der austretende Saft oxydiert rasch und würde schnell verderben.

Cannellinisauce mit Kerbel

Macht regelrecht süchtig

1 dl kleine weisse Bohnen (Cannellini), *über Nacht eingeweicht*
1 EL Zwiebel, *feingehackt*
½ dl Sonnenblumenöl
Pfeffer, Salz
1 Hauch Zitronensaft
1 EL Kerbelblätter, *gezupft*

Das Einweichwasser von den Bohnen abgiessen und die Bohnen kalt abspülen. Mit kaltem Wasser aufsetzen und ohne Salz sehr weich kochen. Dies dauert 1–2 Stunden. Mit einem Teil des Kochwassers im Mixer pürieren. Die Zwiebel beigeben und das Öl tropfenweise einarbeiten. Bei Bedarf noch ein wenig vom Kochwasser beigeben. Mit Pfeffer, Salz und Zitronensaft abschmecken. Anrichten und mit den Kerbelblättern bestreuen. Bild nebenan.

Hülsenfrüchte immer ohne Salz kochen.

Die Kochzeit hängt stark vom Alter der Bohnen ab.

Variationen: Diese Sauce ist einmalig in ihrer Geschmeidigkeit und in ihrem Geschmack. Wenn Sie Anlass haben, Milchprodukte zu meiden, bietet sich diese Sauce als ideale Grundlage für die verschiedensten Ableitungen an. Auch andere Hülsenfrüchte ergeben schmackhafte Saucen, allen voran die Flageolets. Siehe auch S. 43 und 60.

Cannellinisauce mit Kerbel, Peperoni, gefüllt mit Gorgonzolamais (S. 25)

Orangenjus mit Muskatblüten

Einfach raffiniert

1 Prise Muskatblüten
3 dl Orangensaft
1 TL Kuzu oder Pfeilwurzmehl
1 EL Marsalawein
einige Körnchen Salz

Die Muskatblüten auf dem Boden einer trocken erhitzten Pfanne einige Sekunden schwenken, bis sie ihren betörenden Duft entfalten. Sofort mit dem Orangensaft auffüllen. Das Kuzu oder Pfeilwurzmehl im Marsala auflösen und dem Orangensaft kurz vor dem Aufkochen unter ständigem Rühren beigeben. Unter Rühren weiterkochen, bis der Jus leicht abgebunden hat und wieder durchsichtig klar geworden ist. Mit einigen Körnchen Salz abschmekken und servieren. Das Ergebnis soll ein glänzendes, angenehm erfrischendes Sösschen sein. Bild nebenan.

Die Muskatblüten ja nicht verbrennen.

Der Saft darf ruhig Fruchtfleisch enthalten.

Variationen: Andere harmonierende Geschmacksnuancen ergeben sich mit Ingwer oder grünem Pfeffer anstelle der Muskatblüten. Auch Orangenzesten (feinste Streifchen Orangenschale ohne die weisse Unterschale) mit einer Spur Cayennepfeffer passen gut. Wenn Ihnen die Sauce zu spröde ist, können Sie diese mit 2 kalten Butterwürfeln aufmontieren und mit einigen Tropfen Orangenlikör beleben.

Orangenjus mit Muskatblüten, Fenchelschenkel im Morgenrock (S. 37), Grünkernreis (S. 101)

Preiselbeersauce

Süss ist das Leben der Beerenjäger

4½ dl erdiger Rotwein
1 Prise Muskatblüten
1 EL Kuzu oder Pfeilwurzmehl
½ dl Rotwein
3 EL Preiselbeerkonfitüre
1 Körnchen Salz
1 Spritzer Rotweinessig

Den Wein mit den Muskatblüten aufkochen und auf weniger als die Hälfte einköcheln lassen. Die Muskatblüten entfernen und das im Wein aufgelöste Kuzu oder Pfeilwurzmehl unter ständigem Rühren beigeben. Weiterrühren, bis die Sauce wieder klar geworden ist. Mit Preiselbeerkonfitüre, Salz und Essig abschmecken. Bild nebenan.

Variationen: Natürlich können Sie diese Sauce auch mit frischen Beeren zubereiten, wenn Sie welche kriegen.
Probieren Sie's auch mit anderen Beeren, z. B. roten und schwarzen Johannisbeeren, Heidelbeeren, Brombeeren oder Himbeeren.

Preiselbeersauce, Kartoffelküchlein (S. 40)

Leichte Dattelsauce

Nicht nur für Wüstengänger!

2 dl Datteln, *entsteint und kleingeschnitten*
1 EL Vollreis, *gekocht*
1 Gewürznelke
4 dl Weisswein
30 g kalte Butterwürfel
1 Schuss Sherry
1 Hauch Orangenschale, *abgerieben*
Salz
etwas Sauerrahm oder Joghurt

Die Datteln mit dem Reis und einer Nelke im Wein aufkochen und 20 Minuten ziehen lassen. Im Mixer pürieren und die Butter nach und nach sorgfältig hineinarbeiten. Mit Sherry, Orangenschale und Salz abschmecken. Beim Anrichten mit etwas Sauerrahm oder Joghurt verzieren. Bild nebenan.

Weitere Einzelheiten zur Saucenzubereitung erfahren Sie auf S. 83 ff.

Variationen: Auch andere Dörrfrüchte, besonders Pflaumen und Aprikosen ergeben, nach diesem Rezept zubereitet, spannende Saucen.

Leichte Dattelsauce, Knallgrüne Lauchlocke (S. 23), Roter Reis mit Gewürzkörnern (S. 100)

Von der Seele der Saucen

Ich sage es geradeheraus: Die Seele der Sauce ist Luft. Neben der Seele besitzen die Saucen auch Körper und Geist.

Doch, damit Sie sich der Bedeutung der Sauce erst einmal so richtig bewusst werden, überlegen Sie selbst: Wenn Sie Kindern beim Essen zuschauen, wovon schöpfen sie am häufigsten nach? Von der Sauce. – Wonach beurteilt man einen Koch? Nach seiner Sauce. – Wenn die Gourmets einmal ins Schwärmen geraten, was ist dann meistens der Anlass? Eine Sauce. – Warum sagt man, das Essen war trostlos? Keine Sauce. – Wieso sind denn die Hamburger solch ein Hit? Wegen der Sauce.

Geben Sie's zu: Eine gartenfrische Karotte mag noch so knackig, süss und aromatisch sein, spätestens nach einem Dutzend davon sehnen Sie sich nach einer würzigen Sauce.
Und das ist genau die Aufgabe einer Sauce, dass man (und frau) sich nach ihr sehnt. Sie ist ein Vermittler, ein Verbinder. Sie mag selber die eigentliche Würze sein oder ganz unauffällig im Hintergrund verschwinden. Sie mag Ton in Ton schwingen oder einen grellen Farbkontrast setzen. Sie darf bodenständig sein oder leichtfüssig davonschwirren. Eines aber muss Sie immer: *die Dinge ins Rollen bringen.*

Wer ohne Fleisch, vielleicht auch mit weniger Fett und Salz, kochen will, steht bald vor der jähen Erkenntnis: Was die Saucen betrifft, bleibt aus der überlieferten Küche nicht sehr viel zu gebrauchen.

So ist es mir vor vielen Jahren auch ergangen, als ich ans Ende der Béchamel-Weisheit kam, die Sojasauce mir schon aus den Ohren tropfte und die ewig «fantasievollen» Gratins in mir nur noch stille Verzweiflung auslösten.
Nachdem ich bis in die hintersten Winkel der Bibliotheken alle greifbaren Kochbücher durchstöbert hatte (auch früher gab es schon einen Kochbuchboom!) und immer die gleichen Rezepte im neuen Gewand fand, kochte ich vor Wut. Ich sah nicht ein, dass mit Knochen, Fleisch und Rahm die ganze Welt des zweitgrössten irdischen Genusses stehen oder fallen sollte.

So liess ich die Bücher stehen und stellte mich selbst in die Küche. Nach einiger Zeit fing ich an zu ahnen, wie eine Sauce im Innersten funktioniert. Mit dieser Vorstellung im Kopf probierte ich weiter, und die Ergebnisse wurden immer besser. Es bedurfte aber der jahrelangen Berufserfahrung im Restaurant. Tagtäglich am Herd unzählige Gerichte zu kochen, die Reaktionen der Gäste auszuwerten, alle unvorhersehbaren Fehlerursachen zu erfahren – erst dies versetzte mich in die Lage, diese Worte zu schreiben.

Schnell werden Sie merken, dass ich aus der Praxis komme. Da zählt es mehr, wenn etwas gelingt, als die sogenannt richtige Meinung zu vertreten. In diesem Sinne erhebe ich keinen Anspruch auf letztendliche Wahrheit. Die Inhalte beschreibe ich eher in Bildern. Nehmen Sie mich deshalb nicht bei jedem Wort! Mein Ziel ist, gute Saucen zu kochen, nicht noch mehr Theorien in die Welt zu setzen.

Der Aufbau einer Sauce

Es ist wie gesagt die Luft, welche die *Seele* der Sauce ausmacht. Je mehr Luft in einer Sauce eingeschlossen ist, umso geschmeidiger, feiner und zarter ist sie. Um die Luft aufzunehmen und sie auch für einige Zeit zu umhüllen, bedarf es eines *Körpers.* Dieser Körper ist praktisch immer eine Emulsion (siehe unten), die fettfreien Frucht- und Gemüsesaftsösschen ausgenommen. Die schönste Konsistenz wäre jedoch nutzlos, würde sie nicht schmecken. Das ist der *Geist* der Sauce: Aroma-, Geschmacks- und feine Reizstoffe (siehe Seite 120ff.).

Die *Emulsion* ist eine feste Verbindung von Fett mit Flüssigkeit. Die Dauerhaftigkeit dieser Verbindung wird begünstigt durch mehrere Stoffe und Faktoren. Grundsätzlich gilt, je besser die Grundlage für eine Emulsion vorbereitet ist, desto mehr Flüssigkeit kann sie einbinden und desto weniger Fett wird benötigt. Je genauer Sie diese Gesetzmässigkeiten beachten, um so luftigere, zartere Saucen mit immer weniger Fett werden Ihnen gelingen.
Nehmen wir als klassisches Beispiel einer Emulsion die Mayonnaise: Sie ist sehr einfach herzustellen, sofern alles stimmt. Kaum sind Sie aber etwas unachtsam, nervös oder abgelenkt, ist sie schon geronnen. Die Kochliteratur ist daher voll von Rettungsratschlägen. Diese benötigen Sie aber erst gar nicht, wenn Sie am Anfang besonders aufmerksam und sorgfältig, sozusagen *auf Zehenspitzen,* arbeiten. Stellen Sie sich vor, dass Sie ein Haus bauen und dafür *zuerst* ein solides Fundament vorbereiten wollen. Alle Handlungen haben eine exakte Reihenfolge. Sie können auch nicht die Fenster einsetzen, bevor die Wände stehen.

Faustregeln zur Herstellung einer Emulsion

Man geht immer in mehreren Schritten vor. Zuerst wird die Grundemulsion hergestellt. Dazu braucht es wenig Flüssigkeit und eiweiss- oder schleimhaltige Zutaten. Diese Ausgangszutaten sind je nach Rezept verschieden: Senf,

Senfkörner, Leinsamen (Schleim), aufgequellter Reis (Schleim und Eiweiss), gekochte Hülsenfrüchte, Hefeflocken, Ei, Quark, Joghurt (Eiweiss). Ein leicht säurehaltiges Klima erleichtert das Emulgieren. Deshalb gibt man bereits am Anfang etwas Weisswein, Essig oder Zitronensaft hinzu. Auch die Hitze begünstigt das Emulgieren. Deshalb verarbeiten wir diejenigen Saucen, die ohnehin gekocht werden, so heiss wie möglich.

Zuerst wird also wenig Flüssigkeit mit der Ausgangszutat zu einer feinen, homogenen Masse verarbeitet. Dies kann je nachdem von Hand geschehen oder in einem Mixer oder Cutter. Der Handmixer ist eher als Notlösung zu betrachten.

Als zweiter Schritt kommt bei fortwährend laufendem Mixer das Öl hinzu, zuerst sehr *vorsichtig* und nur *tropfenweise,* bis sich die Grundmasse mit dem Öl so gut verbindet, dass sie heller und absolut homogen wird.

Im dritten Schritt wird die Emulsion bei Bedarf mit heisser Flüssigkeit verdünnt und das restliche Öl eingearbeitet. Dies kann etwas schneller geschehen, aber nur so schnell, wie sich das Öl in die Emulsion zu integrieren vermag. Bei Bedarf nochmals mit heisser Flüssigkeit verdünnen.

Eine Besonderheit: die Reisbindung

Als ich die Grenzen der bisherigen Saucenherstellung zu überwinden trachtete und dabei mit Reis-, Hirse- und Hülsenfrüchtemehlen experimentierte, gelangte ich durch einen Hinweis von Edi Hauenstein, einem subtilen Koch, zu einer grundlegenden Einsicht, die bisher noch nirgends erläutert wurde.
Es fiel uns nämlich auf, dass mit den verschiedensten Mehlen gebundene Saucen auch unter Verwendung sämtlicher Tricks nie besser waren als Saucen, die nach dem absolut simpelsten – und auch vollwertigen – Vorgehen hergestellt wurden, nämlich: bereits gekochten und ausgequellten Reis nochmals kalt aufzusetzen und ihn so lange wie möglich bei milder Hitze weiter quellen zu lassen. Die so erhaltene *extrem feine Masse* (halb Schleim, halb Flüssigkeit) wird püriert und zum Binden von Suppen und Saucen (auch von Fruchtsaucen) gebraucht. Diese Masse lässt sich auch – wie sich erwies – sehr gut mit kalten Butterwürfeln nach dem Prinzip der Beurre Blanc aufmontieren. Rasch zeigte sich, dass dies sehr elegant, bequem und effizient *direkt im Mixer* gemacht werden kann, solange die Reisflüssigkeit noch heiss ist.

Diese «Reisbindung», wie ich sie nannte, wurde zur Grundlage für eine ganze Familie neuartiger vegetarischer Saucen, die auch einem Gourmetgaumen zu schmeicheln vermögen.

Die Einsicht, auf der dieses Vorgehen basiert, ist simpel: Ein Reiskorn ist ein Organismus, ein Ganzes. Wenn es als ein Ganzes aufgeschlossen wird, genügend Flüssigkeit und Zeit erhält, sich praktisch «von innen heraus» zu entfalten, kommt es zu einem erstaunlich anderen Resultat, als wenn das Korn zuvor zu Mehl zertrümmert wurde und – bildlich gesprochen – keines von den kleinen Mehlteilchen mehr weiss, wo der Kopf und wo die Füsse sind.
Auf dieser vielversprechenden Grundlage ging das Forschen weiter. Viele der dabei entstandenen Ideen werden Sie in den Rezepten versteckt wiederfinden.

Die fettfreien Frucht- und Gemüsesaftsaucen

Eine weitere Möglichkeit, zu befriedigenden vegetarischen Saucen zu kommen, bietet die Verwendung von Kuzu.

Es handelt sich um ein Stärkeextrakt aus der Kuzupflanze, welcher auch heilende Wirkungen zugeschrieben werden. Kuzu wird in Japan von alters her mit einfachen handwerklichen Methoden gewonnen.
In der Anwendung ist es genauso einfach wie Mais- oder Kartoffelstärkemehl, aber qualitativ hochstehender. Edler, feiner und unauffälliger im Geschmack, wird es in der Sauce bereits nach kurzem Kochen wieder glänzend und durchsichtig. Die mit Kuzu gebundenen Saucen behalten deshalb besser die Farbe der Ausgangszutaten, bleiben fein im Geschmack und schön im Aussehen.

Natürlich können diese Saucen bei Bedarf auch noch mit Butter oder Öl zusätzlich emulgiert, aufmontiert werden. In diesem Fall aber nur den Schneebesen benutzen; Hände weg vom Mixer, da er die Bindung wieder zerschlagen würde.

Mit Kuzu gebundene Saucen finden Sie auf S. 24, 26, 27, 69, 70, 76 und 78.

Kuzu ist im Naturkostladen erhältlich. Falls nicht, verwenden Sie Pfeilwurzmehl (Maranta), notfalls auch Maisstärke.

Die Getreiderezepte

Der Grundstock

Wer einmal bewusst erlebt hat, wie aus einer Handvoll unscheinbarer Getreidekörner ein Topf voll locker-köstlicher, duftender und kraftvoller Nahrung wird, muss begeistert sein.
Durch das Anwenden der einfachsten Handgriffe, die im folgenden dargestellt werden, ist auch in Ihrer Küche die Ära der gummiartigen, der breiigen und langweiligen Getreidebeilagen endgültig vorbei!

Spinattaler mit Preiselbeer (S. 23), Prickelndes Meerrettichsösschen (S. 68), Lockere Goldhirse (S. 103)

Goldfarbene Maisschnitte

Einfach schnittig

6 dl Wasser
1 Knoblauchzehe, *gepresst*
2 dl Maisgriess
2 EL Butter
3 EL Parmesan, *gerieben*
Salz

Den Mais wenn möglich am Vortag zubereiten: Das Wasser mit dem Knoblauch aufkochen. Energisch rührend den Mais einlaufen lassen. Zum Kochen bringen und so lange wie möglich rührend dabeibleiben. Die Hitze auf die kleinste Stufe reduzieren und zugedeckt 1–2 Stunden ziehen lassen. Gelegentlich umrühren. Am Ende der Kochzeit Butter und Parmesan beigeben, salzen.
Den Mais in eine gebutterte Gratinform füllen. Die Oberfläche mit einem nassen Spachtel glattstreichen. Kalt stellen.
Den Mais kurz vor dem Servieren im Backofen bei 220 °C goldbraun überbacken. Mit einem scharfen Messer schöne Stücke schneiden, anrichten. Bild nebenan.

Mais brennt sehr leicht in der Pfanne an. Sie können dies verhindern, indem Sie eine feuerfeste Unterlage auf die Kochplatte legen und den Topf daraufstellen.

Variationen: Aus der ausgestrichenen Masse lassen sich alle erdenklichen Formen ausschneiden; diese fritieren oder in der Pfanne ausbacken.

Goldfarbene Maisschnitte, Kichererbsragout (S. 38)

Orientalischer Tomatenreis

Sultans täglich Brot

2½ dl rundkörniger Vollreis
4 dl Wasser
1 EL Sonnenblumenöl
1 EL Zwiebel, *feingeschnitten*
1 Prise Kreuzkümmel, *gestossen*
3 dl reife Tomaten, *kleingewürfelt*, oder Pelati, *abgetropft und gehackt*
Salz

Den Reis gemäss Grundrezept (S. 108, 118) zubereiten.
Das Öl erhitzen und darin die Zwiebel mit dem Kreuzkümmel sehr kurz andünsten. Sofort die Tomaten beigeben, salzen, kurz umrühren und mit dem noch warmen Reis vermengen. Bild nebenan.

Die Tomaten bleiben praktisch roh. Wenn Sie Pelati verwenden, diese direkt dem Reis beifügen, ohne sie separat zu erhitzen. Der ursprüngliche Tomatengeschmack soll erhalten bleiben.

Variationen: Diese Pilaw-Zubereitung können Sie sinngemäss auch mit anderen Gemüsen machen. Geraspelter Kürbis, Zucchini, Gurken und Karotten eignen sich sehr gut dafür.
Eine verwandte Zubereitung stellt der Spinatreis dar (S. 100).

Orientalischer Tomatenreis, Spinatnest mit verlorenem Ei (S. 20)

Gefüllte Buchweizenblinis

Störender Rogen beiseite

1 TL frische Hefe
½ TL Honig
1½ dl Milch
1 dl Buchweizenmehl
½ dl Weizenmehl

1 dl kleine Gemüsewürfel
1 EL Sonnenblumenöl
½ Eiweiss,
mit Salz steifgeschlagen
Butter zum Braten

Die Hefe mit dem Honig in der lauwarmen Milch auflösen. Mit dem Mehl zu einem halbflüssigen Teig verrühren. Mindestens 1 Stunde ruhen lassen.
Die Gemüsewürfel im heissen Öl kurz andünsten, sofort kalt stellen. Wenn der Teig aufgegangen ist, nochmals gut umrühren, die Gemüsewürfel und den Eischnee vorsichtig unterheben. In einer Bratpfanne wenig Butter erhitzen und den Teig portionenweise zu äusserst kleinen Pfannküchlein ausbacken. Bild nebenan.

Mehl nach Möglichkeit frisch mahlen.

An einem mässig warmen Ort entwickelt sich der Teig am besten.

Variationen: Wer Buchweizen nicht mag, kann die Blinis nur mit Weizenmehl zubereiten.
Auch kleingeschnittene Pilze eignen sich vorzüglich als Füllung.

Gefüllte Buchweizenblinis, Portweinsauce mit Silberzwiebeln und Rosmarin (S. 70)

Weizenschrot mit Olivenpaste

O Sole mio!

3 dl Weizenschrot
4½ dl Wasser
2 EL Olivenpaste
evtl. etwas Salz

Den Ofen auf 100 °C vorheizen. Wasser ohne Salz zum Kochen bringen. Den Weizenschrot einrühren, wieder zum Kochen bringen. Zudecken und in den vorgeheizten Backofen schieben. 40 Minuten lang ungestört im Ofen quellen lassen.
Das Getreide mit einer Bratgabel vorsichtig lockern und mit der Olivenpaste würzen. Bild nebenan.

Falls Ihnen eine Getreidemühle zur Verfügung steht, den Schrot kurz vor dem Kochen selbst herstellen.

Olivenpaste erhalten Sie im Naturkostladen.

Variationen: Dieses Grundrezept gilt für alle geschroteten Getreide. Je nach Sorte schwankt die benötigte Wassermenge geringfügig. Nach kurzer Zeit werden Sie das nötige Gespür entwickeln, und das Getreidegaren klappt wie von selbst.
Die Olivenpaste ist natürlich nicht die einzige Möglichkeit, das Getreide noch schmackhafter zu machen. Neben Küchenkräutern bewähren sich verschiedenste Gewürze prächtig (Anis, Fenchel, Ingwer, Kümmel usw., gemahlen verwendet).

Weizenschrot mit Olivenpaste, Dijoner Paprikaschoten (S. 25)

Zünftiges Gerstotto

Für die Wintertage

2½ dl Gerstenkörner
5 dl Wasser
1 EL eingesottene Butter
2 EL Zwiebel, *feingeschnitten*
1 Knoblauchzehe, *gepresst*
1 Lorbeerblatt
1½ dl Weisswein
4 EL Parmesan
1 dl heisse Bouillon
Salz

Die Gerste nach dem Grundrezept (S. 108, 118) garen.
Die Zwiebel mit Lorbeer und Knoblauch in der Butter sehr rasch andünsten. Sofort den Wein zugeben, aufkochen und die Flüssigkeit eine Spur einköcheln lassen. Die Gerste beifügen, das Ganze tüchtig rühren und gut erhitzen. Den Käse beigeben und weiterrühren, bis er schmilzt. Mit der heissen Bouillon auf die gewünschte Konsistenz verdünnen, salzen. Bild nebenan.

Vergessen Sie den Unfug des «Risotto all'dente». Vollgetreide hat immer genug Biss und Geschmack.

Variationen: Auch Hafer eignet sich sehr gut für diese risottoartige Zubereitung. Anderen Getreiden wie Weizen, Roggen, Dinkel muss man einen Anteil Reis beimischen, um die notwendige Bindung zu erhalten.

Zünftiges Gerstotto, Dampflauch im Karottensaft (S. 24)

Knusprige Roggenstengel

Am Anfang war das Fladenbrot

4 dl Roggenmehl, *frisch gemahlen*
ca. 2 dl Wasser
½ dl Maiskeimöl
1 Prise Fenchelpulver
Salz

Butter zum Ausfetten

Den Teig wenn immer möglich am Vortag herstellen, mindestens aber 2 Stunden vor dem Backen. Die Teigzutaten gut miteinander verkneten. Der Teig soll noch relativ feucht und streichfähig sein. Ein Blech buttern und den Teig darauf ca. 2 cm dick ausstreichen. Die Oberfläche mit einem nassen Spachtel glattstreichen. Ruhen lassen.
Den Teig im vorgeheizten Backofen bei 250 °C ca. 20 Minuten backen. Die Oberfläche soll schön knusprig sein, während das Innere feucht bleibt. Den gebackenen Teig in Stücke schneiden. Bild S. 63.

Das Mehl darf ruhig etwas «rustikal», gröber sein.

Gerstenschrot mit Kartoffeln und Estragon

Etwas Neues und doch so einfach

3 dl Wasser
2 dl Gerstenschrot
250 g Kartoffeln, *in kleinere Würfel geschnitten*
Fritieröl
Salz
etwas Estragon, *feingeschnitten*

Den Gerstenschrot gemäss Grundrezept (S. 94, 118) zubereiten.
Die Kartoffelwürfel im heissen Öl knusprig-golden fritieren. Abtropfen lassen und anschliessend mit dem Gerstenschrot vermischen. Salzen und mit Estragon würzen. Sofort servieren. Bild S. 34.

Variationen: Die Kombination von Getreide mit Kartoffeln ist immer interessant. Probieren Sie's auch mit anderen Getreidesorten aus.

Emmentaler Haferbrei

Urchig, bodenständig, beliebt

2½ dl Haferkörner
5 dl Wasser
1 EL Butter
2 EL Zwiebel, *feingehackt*
2 Lorbeerblätter
100 g Emmentaler Käse, *gerieben*
1 dl heisse Gemüsebouillon (S. 41)
1 Schuss milder Apfelessig
Cayennepfeffer, Salz

Die Haferkörner nach dem Grundrezept (S. 108, 118) zubereiten.
In einem grösseren Topf die Zwiebel mit dem Lorbeer in der Butter ganz leicht andünsten, sofort den noch warmen Hafer beifügen, mit dem Käse bestreuen und so lange erhitzen, bis der Käse schmilzt. Dabei sehr vorsichtig umrühren. Darauf achten, die Körner nicht zu zerdrücken, da sonst der Schleim aktiviert und der Charakter des Gerichts verändert wird. Mit Apfelessig, Cayennepfeffer und Salz abschmecken. Bild S. 13.

Je schwungvoller und kürzer Sie die Zwiebel andünsten, desto besser.

Eine Fleischgabel eignet sich am besten zum Umrühren.

Mit dem Essig vorsichtig umgehen: von ihm darf man nichts merken.

Variationen: Sie können den Lorbeer durch geriebene Muskatnuss oder die Schale einer ausgepressten Zitrone ersetzen, die Zwiebel weglassen, anderen Käse oder ein anderes Getreide verwenden: Sie können sich in Stücke reissen – das Urrezept werden Sie unmöglich übertreffen!

Mit der Gemüsebouillon auf Risotto-Konsistenz verdünnen.

Einkorndinkel mit Äpfeln

Dinkel ohne Dünkel

3 dl kleiner Einkorndinkel
6 dl Wasser
1 EL Butter
2 EL Frühlingszwiebeln, *in Stücke geschnitten*
80 g Apfel, *in Stücke geschnitten und durch Zitronensaft gezogen*
1 EL Zitronenmelisse, *feingeschnitten*
Salz

Den Dinkel nach dem Grundrezept (S. 108, 118) zubereiten.
Die Zwiebeln in der Butter schwenken, nach 10 Sekunden die Äpfel beigeben und das Ganze sehr rasch erhitzen. Mit dem noch warmen Dinkel vermischen, salzen. Mit der Zitronenmelisse bestreuen. Bild S. 42.

Einkorndinkel stammt aus der Camargue, wo er auch traditionell als Regionalspezialität gegessen wird. Er ist besonders zart und feinkörnig.

Griechischer Spinatreis

Die klassische Art

- 2½ dl rundkörniger Vollreis
- 4½ dl Wasser
- 1 EL Zwiebel, *feingeschnitten*
- 2 Knoblauchzehen, *mit Salz zerdrückt*
- 1 Prise Koriander, *gestossen*
- 2 EL Olivenöl
- 150 g Spinat, *blanchiert, abgeschreckt, abgetropft und gehackt*

Den Reis gemäss Grundrezept (S. 108, 118) zubereiten.
Die Zwiebel, den Knoblauch und den Koriander kurz im Olivenöl andünsten. Den Reis sofort beifügen, danach den gehackten Spinat. Umrühren, abschmecken, servieren. Bild S. 8.

Variationen: Mischen Sie den Reis mit anderen Gemüsen wie Stielmangoldblättern (Krautstielen), Patissons, viel Gewürzzwiebeln oder gekochten und geraspelten Randen (rote Bete).

Der Spinat soll weder zu fein gehackt noch zu trocken sein.

Dieses Gericht darf nicht lange warm gehalten werden, da der Spinat schnell die Farbe verliert.

Roter Reis mit Gewürzkörnern

Bewusst gewürzt

- 3 dl roter Camargue-Reis
- 5 dl Wasser
- 1 kleine Handvoll Gewürze: Koriander, Fenchel, Wacholder, Piment
- 2 EL Sonnenblumenöl
- Salz

Die Gewürzkörner mit dem Wasser aufkochen und 15 Minuten ziehen lassen. Den Reis einrühren und nach dem Grundrezept (S. 108, 118) fertig garen. Am Schluss mit einer Gabel lockern und mit Öl und Salz abschmecken. Bild S. 81.

Variationen: Dann und wann können Sie auch andere Getreide nach dieser Art beleben.

Grünkernreis

Eine bewährte Getreidemischung

1 dl Grünkern
2 dl Wasser
1½ dl Vollreis
2½ dl Wasser
1 EL Distelöl
Salz
evtl. 1 Schuss Sojasauce

Die Getreide nach den Grundrezepten (S. 108, 118) separat zubereiten. Der Grünkern braucht gut 50 Minuten, der Reis 35 Minuten. Wenn beide Getreide gar sind, miteinander vermischen. Mit Distelöl, Salz und eventuell einem Schuss Sojasauce den nötigen Pfiff verleihen. Bild S. 77.

Variationen: Zum Würzen können Sie auch etwas geriebene Orangen- oder Zitronenschale, Pfeffer oder Kräuter verwenden. Achten Sie aber darauf, dass das feine, süssliche Raucharoma des Grünkerns nicht überdeckt wird.

Natürlich können Sie vereinfachend alles in einem Topf kochen. Dazu nehmen Sie von Anfang an 4½ dl Wasser und geben den Reis erst 15 Minuten nach dem Grünkern hinzu. Getrennt gekocht schmeckt's aber besser.

Linsenreis

Aschenputtels Leibspeise

2 dl Vollkornreis
1 dl grüne Linsen
4½ dl Wasser
1 Schuss Sojasauce
1 EL Sonnenblumenöl
Cayennepfeffer, Salz
Koriander, *gestossen*

Den Reis mit den Linsen im kalten Wasser aufsetzen und aufkochen. Bei kleinster Hitze 15 Minuten ziehen lassen. Abschalten, mit Tüchern abdecken und nochmals 20 Minuten ruhen lassen. Am Schluss behutsam lockern und mit Sojasauce, Sonnenblumenöl, Cayennepfeffer, Salz und Koriander abschmekken. Bild S. 65.

Jegliche Einmischung in den Kochprozess ist zu unterlassen – selbst in den Topf hineinschauen!

Variationen: Noch edler wird dieses Gericht, wenn Sie den Reis und die Linsen separat kochen und danach erst zusammenfügen. Dabei die Linsen in 4 dl Wasser leise köchelnd auf den Punkt garen. Das Kochwasser für eine Suppe aufbewahren. Die Linsen kalt abspülen und mit dem gekochten Reis vermengen. Mit Öl, Salz, Cayennepfeffer und zerstossenem Koriander würzen.

Sesamburger

Mac, Big & Fat are so sad!

4 dl Getreide, *ganz oder geschrotet, gekocht*
1 Ei
1 EL Sojasauce
1 EL Sonnenblumenöl
2 EL Parmesan, *gerieben*
1 EL Zwiebel, *feingeschnitten*
1 EL Petersilie, *gehackt*
2 EL Paniermehl
evtl. Salz, Cayennepfeffer

Sesamsamen zum Panieren
Butter zum Ausfetten

Für die Masse das Getreide mit Ei, Sojasauce, Öl, Parmesan, Zwiebel und Petersilie sehr gut verkneten. Zuletzt vom Paniermehl gerade soviel einarbeiten, dass eine saftige, aber gut formbare Masse entsteht. Rassig abschmecken. Daraus schöne Burger formen und mit den Sesamsamen panieren. Die Sesamburger auf ein gebuttertes Blech setzen und im auf 200 °C vorgeheizten Backofen 15–20 Minuten backen.
Ein Salatbeet anrichten (S. 27) und die Sesamburger hineinsetzen. Bild S. 66.

Variationen: Alle Ausbackmassen, die in diesem Buch vorkommen, können Sie kurzerhand in eine Burgermasse umwandeln. Fügen Sie einfach noch ein wenig gekochtes Getreide oder eingeweichte Haferflocken bei, schmecken Sie nochmals ab und ab die Post! Zum Binden der Masse können Sie statt dem Ei auch Quark nehmen, und statt den Sesamsamen zum Panieren probieren Sie einmal: Mohnsamen, Sonnenblumenkerne, gehackte Kürbiskerne, Amaranth, Haferflocken, Getreideschrot, Kleie.

Jedes Getreide ist geeignet.

Natürlich können Sie die Burger auch in der Pfanne ausbacken.

Als Begleitung und Kontrapunkt zum Burger ist immer eine rassige, erfrischende Sauce erforderlich.

Brennesselspiralen

Hilfe, es brennt!

2 EL Olivenöl
1 Knoblauchzehe, *gepresst*
2 EL frische Kräuter, *gehackt*
1 Spur Sambal Oelek
Salz
350 g Brennesselteigwaren

Öl, Knoblauch, Kräuter, Sambal Oelek und Salz zu einer Marinade verrühren.
Die Teigwaren in sprudelnd kochendem Salzwasser kochen, in ein Sieb abgiessen und sofort mit kaltem Wasser überbrausen. Noch heiss mit der Marinade mischen. Bild S. 31.

Vollkornteigwaren sollten immer herzhaft gewürzt sein, damit sie nicht nur «gesund» schmecken.

Lockere Goldhirse

Ein Prüfstein für den Getreidekoch

4 dl Wasser
1 Prise Salz
1 EL Sonnenblumenöl oder Butter
2½ dl Goldhirse

Das Wasser mit Salz und Butter bzw. Öl zum Kochen bringen. Die Hirse einrühren, erneut aufkochen, zudecken. Die Hitze sofort auf die kleinste Stufe zurückstellen (oder abschalten und den Kochtopf in einige Küchentücher einwickeln). Während 30–35 Minuten stehen lassen. Den Topf nicht öffnen! Anschliessend die Hirse mit einer Bratgabel vorsichtig lockern und falls nötig nachsalzen. Bild S. 87.

Die meisten anderen Getreide werden ohne Salz gekocht (siehe S. 116ff.).

Die Kochzeit variiert etwas je nach Alter der Hirse.

Ein Kochlöffel würde die Hirse zerdrücken und klebrig machen.

Variationen: Das Kochwasser zuerst mit einem Salbeiblatt, Rosmarinzweig, Lorbeerblatt, mit Safranfäden oder einer Knoblauchzehe parfümieren. Das Gewürz vor dem Einrühren der Hirse entfernen.

Maiskroketten

Selbst Frisco wird noch darauf kommen

1 Portion Mais, *gekocht (S. 88)*
1 Ei
2 TL Maisstärke
evtl. Paniermehl
Fritieröl

Den gekochten Mais auskühlen lassen. Das Ei mit der Maisstärke verquirlen und gut mit dem Mais verarbeiten. Falls die Maismasse zum Formen zu wenig fest gerät, mit einer Prise Paniermehl nachbinden. Die Masse durch eine Krokettenpresse treiben oder von Hand auf einer Marmorplatte schöne Kroketten formen.
Die Kroketten schwimmend im heissen Öl golden knusprig fritieren. Bild S. 45.

Leichte Weizenklösschen

Familienrezept – entstaubt und aufpoliert

150 g Vollmilchquark (Speisequark)
2 Eier, *verquirlt*
120 g Vollkorngriess
40 g Butter, *zerlassen*
Salz
evtl. wenig Paniermehl
Butter, *zerlassen,* zum Bepinseln

Die Masse am besten am Vortag, mindestens aber eine Stunde vorher zubereiten. Dazu den Quark luftig aufschlagen, die Eier beigeben, danach den Griess unterrühren, salzen und zuletzt die Butter zugeben. Ruhen lassen.
Aus der Masse mit feuchten Händen kleine Klösschen formen, diese in schwach kochendes Salzwasser geben. Wenn die Klösschen an die Oberfläche steigen, noch drei bis fünf Minuten ziehen lassen. Die Klösschen mit der Schaumkelle herausheben, im kalten Wasser abschrecken, mit der zerlassenen Butter bepinseln und warm stellen oder sofort servieren. Bild S. 61.

Variationen: Nach diesem Rezept zubereitet, geraten die Klösschen besonders luftig und zartschmelzend. Die Grundmasse kann man süss oder salzig abwandeln, um überraschende Ergebnisse hervorzuzaubern. So erhalten Sie durch die Beigabe von Honig und zerdrückten Himbeeren oder reifen Aprikosen zur Grundmasse die herrlichsten Desserts. Mit gehacktem Bärlauch, Brunnenkresse, Lauch, Broccoli-, Spinat- oder Randenpüree (rote Bete) schlagen Sie jeden noch so innovativen Gnocchi-Hersteller.
In einer Gratinform nach beliebiger Art überbacken – ein Gedicht!

Perfektionisten trennen die Eier, schlagen das Eiweiss steif und mischen es der Masse erst kurz vor dem Kochen bei.

Falls die Masse zu klebrig ist, mit wenig Paniermehl nachbinden.

Halten Sie ein Glas kaltes Wasser bereit, um die Kochtemperatur durch einen Schuss davon optimal regulieren zu können.

Die heikle Kunst des Klösschenkochens lässt sich erst mit genügend Erfahrung vollständig beherrschen.

Weizenthermo

Aus alter Tradition, doch sehr zeitgemäss

3 dl Weizenthermo
3 dl Wasser
Öl, Salz

Das Wasser zum Kochen bringen und den Weizen einrühren. Nochmals aufkochen, die Hitze sofort auf die kleinste Stufe reduzieren und den Topf zudekken. Wenn möglich den Topf mit einigen Küchentüchern bedecken, damit die Temperatur besser erhalten bleibt. Nach 10 Minuten die Hitze ganz abschalten. Noch weitere 25 Minuten quellen lassen, ohne den Deckel zu öffnen. Den Weizen mit der Bratgabel lockern, mit Öl und Salz würzen. Bild S. 49.

Variationen: Bei Weizenthermo handelt es sich um ein sehr zeitgemässes Produkt. Es vereint die Vorteile einer raschen und unkomplizierten Zubereitung mit hoher und kulinarisch attraktiver Qualität. Das Getreide wird bei der Herstellung mit milder Wärme (also thermisch) gedarrt, sozusagen vorgekocht, und danach geschrotet. Beim Kochen schliesst es sich rasch auf und bleibt körnig. Seit Jahren arbeite ich mit Thermo-Getreide und kann es nur in höchsten Tönen loben. Auch andere Getreidesorten sind in dieser Form unter dem Firmennamen «Bauck» im Naturkosthandel erhältlich. Sie sichern einen einfachen, eleganten und dauerhaften Einstieg in die Getreidekochkunst.

Spinatpizza «Senza mare»

Turiddu zu Ehren

20 g frische Hefe
1 TL Birnendicksaft
2 EL Wasser
1 EL Mehl

2½ dl Hartweizen, *zu Mehl gemahlen*
2½ dl Weizen, *zu Mehl gemahlen*
Salz
3 dl lauwarmes Wasser
½ dl Olivenöl
Mehl zum Bestäuben

150 g Mozarella, *grob gerieben*
400 g Spinat, *blanchiert und abgetropft*
1 TL Knoblauch, *mit Salz zerrieben*
1 EL Olivenöl
150 g Gorgonzola, *in Würfel geschnitten*
2 kleinere Zwiebeln, *in feine Ringe geschnitten*

Für den Vorteig die Hefe mit dem Birnendicksaft auflösen, den Esslöffel Mehl und das Wasser einrühren, 15 Minuten gehen lassen.
Hartweizen- und Weizenmehl, Salz, Wasser und Olivenöl vermischen, den Vorteig dazugeben und sehr gut durchkneten. Ca. 1 Stunde gehen lassen.
Den Backofen auf die höchste Stufe vorheizen. Den Teig vierteilen, einzeln nochmals durchkneten und mit der Hand zu dünnen Böden flachdrücken. Den Rand etwas dicker lassen. Die Teigböden auf ein geöltes und bemehltes Blech legen. Den Spinat mit dem Knoblauch und Olivenöl würzen. Die Teigböden schichtweise mit Mozarella, Spinat, Gorgonzola und abschliessend den Zwiebelringen belegen.
Die Pizza auf der untersten Rille des Backofens bakken, bis der Rand golden knusprig ist. Guten Appetit! Bild nebenan.

Variationen: Beim Belegen von Pizza gibt es keine Grenzen, nur die des guten Geschmacks. Ein Tip unter uns: Auberginenscheiben in salzigem, mildem Essigwasser blanchieren und gut abtropfen lassen, dann mit Olivenöl, wenig Knoblauch und Pfefferminze parfümieren. Den Pizzateig grosszügig mit Mozzarella und Auberginen belegen. Dieses Rezept erst auf dem Sterbebett weitergeben...

Der Hartweizen gibt dem Teig den typischen Geschmack und eine eigene Geschmeidigkeit. Notfalls geht's auch ohne ihn.

Der Teig muss samtig weich sein.

Gehen Sie in eine italienische Pizzeria, bestellen Sie eine halbe Flasche Wein und schauen Sie dem Pizzaiolo, dem Pizzabäcker, aufmerksam zu. Wenn der Wein getrunken ist, können Sie's auch.

Je heisser und kürzer eine Pizza gebacken wird, desto besser.

Spinatpizza «Senza mare»

Dinkel dunkel

Im Dunkeln ist gut munkeln

3 dl Dinkelkörner
4 Dörrzwetschgen
1 Handvoll gedörrte Birnenschnitze
6 dl Wasser
Salz
Butter

Zubereitung I: Den Dinkel und die Dörrfrüchte ohne Salz im kalten Wasser aufsetzen und zum Kochen bringen. Die Hitze sofort auf die kleinste Stufe reduzieren, gut zudecken und 20 Minuten ziehen lassen. Weder den Deckel öffnen, noch rühren. Hitze abschalten, den Topf mit Küchentüchern einschlagen und nochmals 30 Minuten quellen lassen.
Den Deckel öffnen, die obenliegenden Dörrfrüchte herausnehmen und beiseite stellen. Den Dinkel mit Salz und Butter abschmecken, vorsichtig umrühren. Mit den Dörrfrüchten garnieren.
Zubereitung II: Am Vorabend die Körner und die Dörrfrüchte ohne Salz in einem feuerfesten Gefäss mit gutschliessendem Deckel im Wasser einweichen. Den Backofen auf 150 °C vorheizen. Den Topf in den Ofen schieben und den Dinkel 40 Minuten lang garen lassen. Den Backofen abschalten und den Topf nochmals 20 Minuten darin stehen lassen, ohne ihn anzurühren. Würzen und anrichten wie oben beschrieben. Bild nebenan.

Variationen: Genausogut schmeckt auch Hafer, Weizen oder Gerste, auf diese Weise zubereitet.

Salz würde das Aufschliessen behindern.

Das Getreide darf ja nicht sprudelnd kochen, da es dadurch gummig wird.

Weitere Angaben zum Getreidekochen auf S. 116ff.

Dinkel dunkel, Fenchel in Paprikasauce (S. 72)

Rote Gerste im Pak-Chai-Korb

Als ob Sie's schon immer so gegessen hätten

5 dl Wasser
2½ dl Gerstenkörner
2 EL Maiskeimöl
1 Prise Koriander, *gestossen*
1 EL Zwiebel, *feingeschnitten*
100 g Randen (rote Bete), *mit der Schale in Salzwasser gekocht, geschält, fein geraspelt*
Salz, Pfeffer
8 Pak-Chai-Blätter

Die Gerste nach dem Grundrezept (S. 108, 118) zubereiten.
Die Zwiebel mit dem Koriander nur ganz leicht und schnell im heissen Öl andünsten. Die noch warme Gerste, dann die Randen beifügen. Kräftig pfeffern, gut mischen und mit Salz abschmecken. Kurz vor dem Anrichten den Pak-Chai in kochendem Salzwasser blanchieren (S. 53). Aus dem Wasser ziehen, direkt auf dem Teller ringförmig auslegen und den Ring mit der roten Gerste füllen. Bild nebenan.

Variationen: Estragon ergänzt diese Kombination auf ideale Weise.
Hafer, Weizen und Hirse eignen sich ebenfalls.

Das Gericht darf nicht zu lang warm gehalten werden, da es sonst die Farbe verliert.

Pak-Chai, eine chinesische Kohlart (Senfkohl), ist neuerdings auch bei uns erhältlich. Dem Stielmangold (Krautstielen) ähnlich, zeichnet er sich durch eine gewisse Schärfe aus. Den Pak-Chai mit dem Stiel verwenden.

Rote Gerste im Pak-Chai-Korb, Schwarzwurzeln in Weiss (S. 24)

Knusprige Haselnusszünglein

Etwas zum Knabbern

2 dl feine Haferflocken
1 dl Joghurt
½ dl Haselnüsse, *geraspelt*
1 Ei
1 EL Lauch, *feingeschnitten*
1 TL Sonnenblumenöl
Salz, Tabasco

Bratfett

Alle Zutaten gut miteinander vermischen und mindestens 1 Stunde ruhen lassen. Falls die Masse zu fest werden sollte, etwas Wasser beigeben. Aus der Masse schöne Zünglein formen und knusprig ausbacken. Bild nebenan.

Variationen: Die Verbindung von Haferflocken, Joghurt und wenig Ei, welche die Grundlage dieser Ausbackmasse bildet, ist sehr wandlungsfähig: sie lässt sich mit den verschiedensten Kräutern und Gemüsen, mit Käse, Sonnenblumenkernen usw. versetzen.
Eine noch fettärmere Variante erhalten Sie durch das Backen im Ofen.

Nach Möglichkeit die Haselnüsse vor dem Raspeln ein wenig anrösten.

Ein guter Tip: Die Haferflocken zuerst mit einem Schuss Mineralwasser anfeuchten.

Die Stücke nicht zu dünn formen, damit sie innen saftig bleiben.

Knusprige Haselnusszünglein, Selleriebrocken im Gewürzsud (S. 27)

Hirsestock

Beileibe nicht nur bei Kindern begehrt

2 dl Hirse
½ Knoblauchzehe, *geschnitten*
6 dl Wasser
2 dl Milch
40 g Butter
1 Spur Zitronensaft
Muskatnuss, Salz

Die Hirse mit dem kalten Wasser und Knoblauch aufsetzen, aufkochen und zugedeckt bei kleinster Hitze 30 Minuten ziehen lassen.
Die Milch erhitzen, die Butter darin auflösen und zur Hirse geben. Mit dem Mixstab bearbeiten, bis ein gleichmässiges, glattes Püree entsteht. Mit Zitronensaft, Muskatnuss und Salz pfiffig abschmecken. Bild nebenan.

Variationen: Dieses Rezept ist eine Alternative zum Kartoffelstock (Kartoffelpüree) und ist auch für alle weiteren von diesem abgeleiteten Verwendungen geeignet, wie Kroketten, Galettes, Duchesses.

Aufs Anbrennen achten – Hitze auf ein Minimum reduzieren.

Sollte das Püree zu dünn geraten, mit einer Prise Hirseflocken nachbinden. Im umgekehrten Fall heisse Milch nachgeben.

Bei Verwendung für Kroketten usw. der kalten Grundmasse noch ein Ei beimischen.

Hirsestock, Tomatensauce mit Minze (S. 68), Lauchstengel im Bierteig (S. 37)

Am Getreide kommt kein vollwertiger Koch vorbei

Unter den Deckel gespitzelt

Es sind gut 18 Jahre her, seit ich den ersten Topf voll Weizenkörner zubereitet habe. Seitdem sind Berge von Getreide durch meine Hände gegangen. Eines ist aber immer noch wie am ersten Tag: das bewundernde Staunen, wenn ich nach beendeter Garzeit den Topfdeckel hebe und die schlichte Grossartigkeit der stattgefundenen Verwandlung sehe.
Wer einmal bewusst erlebt hat, wie aus einer Handvoll unscheinbarer Getreidekörner ein Topf voll locker-köstlicher, duftender und kraftvoller Nahrung wird, muss begeistert sein.
Diesen Vorgang zu verstehen und ihn richtig anzuwenden, bildet die Grundlage jeder ernstzunehmenden Vollwertküche. Die wesentlichen Punkte sind dermassen simpel, dass es erstaunt, wie wenig verbreitet dieses Wissen ist.
Über die Bedeutung von unraffiniertem Getreide für die Ernährung, über die ökologischen, weltpolitischen und gesundheitlichen Aspekte wurde von verschiedensten Seiten bereits das Wichtigste gesagt. Ich beschränke mich hier auf die Feststellung, dass eine Küche, die die Verwendung von allen Sorten unraffinierter Getreide ausser acht lässt, *nicht komplett sein kann.*

Der erste Punkt, den man sich verdeutlichen muss: Getreide wird *nicht gekocht.* Es wird vielmehr bei milder Hitze aufgeschlossen, gegart. Die einzelnen Körner vergrössern dabei ihr Volumen beträchtlich, quellen auf bis zu dem Punkt, an dem die Schale durch inneren Druck platzt. So auf den Punkt gegartes Getreide ist optimal genussfähig. Es ist nicht verkocht und klebrig, sondern locker und weich. Es darf nicht «al dente» serviert werden, wie viele Köche meinen, aber auch nicht gummiartig verschlossen geraten. Wer ganzes Getreide in wallendem Salzwasser «à la créole» kocht, sollte dringend über die Bücher gehen. Wenn sich nach dem Genuss von Vollgetreide Blähungen einstellen, ist dies ein Zeichen dafür (andere Ursachen, S. 124 ff.), dass das Getreide nicht genügend aufgeschlossen wurde.

Ein zweiter wichtiger Punkt betrifft das richtige Anwenden von Salz und Hitze. Salz hat eine zusammenziehende, porenschliessende Wirkung. Besonders Getreide und Hülsenfrüchte, die noch eine intakte Schale haben, reagieren auf Salz extrem. Sie sind im Salzwasser auch durch langandauerndes Garen nicht weich zu bekommen. Aus diesem Grund wird Getreide grundsätzlich erst *nach dem Garen* gesalzen und abgeschmeckt.

Hirse, Reis und Buchweizen bilden hier eine Ausnahme. Hirse ist ja bereits von ihrer sehr harten Schale vollständig geschält, Vollreis ist entspelzt und besitzt nur noch eine dünne Silberhaut, während der Buchweizen an seinen drei Kanten sehr schnell aufspringt. Bei diesen Getreiden wird der Zeitpunkt des Salzens zur Steuerung des Garprozesses eingesetzt. Um beispielsweise lockere Hirse zu erhalten, wird am Anfang gesalzen, während die gleiche Hirse für einen Hirsestock erst ganz am Schluss gesalzen wird.
Plötzliche Hitzeeinwirkung hat ebenfalls eine zusammenziehende, schliessende Wirkung. Deshalb wird das Getreide *grundsätzlich kalt aufgesetzt.* Die Ausnahme bilden hier vermahlene oder geschrotete Getreide: Um sie körnig zu erhalten, werden sie ins kochende Wasser eingerührt.
Auch Milch und Milchprodukte behindern das Aufschliessen von trockenem, noch nicht aufgeschlossenem Getreide. Um eine gute Verdaulichkeit zu erreichen, schliessen wir daher bei allen Zubereitungen, die Milchprodukte enthalten, das jeweilige Getreide *zuerst* mit Wasser auf, erst danach erfolgt der Kontakt mit den Milchprodukten. Weichen Sie z.B. die Flocken für Ihr Birchermüesli zuerst in wenig Wasser ein, bevor Sie den Joghurt beimischen. Ihr Magen wird's Ihnen danken!

Der dritte und letzte wichtige Punkt liegt in der Einsicht, dass man beim Kochen – wie auch im Leben – durch jegliche unnötige Einmischung nur schaden kann. Das Herumrühren im garenden Getreide ist in höchstem Masse kontraproduktiv! Der gesamte Dampfkreislauf, die kleinen Kanäle und Zwischenräume, die sich während des Garprozesses zwischen den Körnern bilden und die dem Getreide zu «atmen» erlauben, werden durch Umrühren zerstört und können nicht wiederhergestellt werden. Die Schleim- und Kleberstoffe werden aktiviert, erschweren den Feuchtigkeitszutritt und führen zum «Verpappen». Allein schon den Deckel heben und in den Topf gucken behindert den Aufschliessungsvorgang, da es einen Dampf- und Wärmeverlust mit sich bringt.

Wenn Sie jedoch das Getreide mit demselben Respekt und derselben Zärtlichkeit behandeln wie ein schlafendes Kind, kann nichts schiefgehen.

Grundzubereitungen

Neben dem Verständnis der Gesetzmässigkeiten braucht es auch die richtige Methode, um dieses umzusetzen. Dabei gibt es zwei Wege, die zum Ziel führen: Man kann das Getreide entweder über Nacht einweichen oder es direkt, ohne Einweichen verwenden.
Aus der Praxis kann ich sagen, dass beide Arten ebenbürtig sind. Im Restaurant wird das ganze, wie auch das geschrotete Getreide in der Regel am Vortag

eingeweicht und dann im Dampf gegart, unter Einberechnung von genügend Zeit zum Ausquellen. Dieses Verfahren garantiert ein qualitativ unübertreffliches Resultat. Für den Eigenbedarf im Haushalt hingegen bereite ich meistens alle Getreide ohne Einweichen direkt zu.
An allererster Stelle braucht es einen *geeigneten Kochtopf.* Beim Getreidegaren geht es darum, das Getreide über längere Zeit bei möglichst konstanter Temperatur zu halten, ohne starke Hitzezufuhr, die ein unregelmässiges Garen und Anbrennen verursachen würde. Zu diesem Zweck sind massive Gusseisentöpfe oder moderne Doppelwandtöpfe am besten geeignet. Um den Wärmeabfall zu verhindern, bewährt sich auch das Einschlagen des Topfes in Küchentücher nach wie vor bestens: dabei die Kochplatte auf die niedrigste Stufe stellen, die Gasflamme ganz abschalten. Eine optimale Methode ist auch, den Topf in den warmen Backofen zu stellen (siehe unten).
Manche schwören auf den Dampfkochtopf. Der einzige Vorteil, den ich persönlich diesem Utensil abgewinnen kann, ist, dass er zumindest verhindert, dass der Koch seine Nase fortlaufend in den Topf steckt. Ansonsten halte ich mich an den Grundsatz, dass gut Ding eben Weile haben will.
Die Faustregel für die benötigte *Wassermenge:* doppelt soviel Wasser wie Getreide. Bei Hirse und Reis die Wassermenge etwas nach unten, bei Gerste und Roggen etwas nach oben korrigieren. Sehr praktisch ist in der Getreideküche das Arbeiten mit dem Messbecher anstatt der Waage, weil man dabei das richtige Augenmass für die Volumenverhältnisse entwickelt. Dies funktioniert besser als alle Tabellen.

Getreidezubereitung ohne Einweichen: Ganze Getreidekörner mit der entsprechenden Menge Wasser immer kalt aufsetzen. Aufkochen, die Hitze zurückschalten, gut zudecken und ungestört quellen lassen. Geschrotetes Getreide hingegen erst ins kochende Wasser einrühren, aufkochen. Dann in den 100 °C warmen Backofen schieben und dort die entsprechende Zeit quellen lassen.

Zubereitung von eingeweichtem Getreide: Um das Getreide für empfindliche Mägen noch eine Spur besser aufzuschliessen, weicht man es mit der richtigen Menge Wasser bereits am Vortag ein. Es wird dann in diesem Einweichwasser aufgesetzt und genau gleich zubereitet wie nicht eingeweichtes Getreide. Beim Aufkochen muss man jedoch noch vorsichtiger sein, da das eingeweichte Getreide noch empfindlicher als das trockene auf wallendes Kochen reagiert und schnell gummig wird. Die beste Methode besteht darin, das Getreide zugedeckt in den 100 °C warmen Backofen zu stellen und dort 60–90 Minuten lang zu garen. Für eingeweichten Getreideschrot ist dies die einzige Art, ein akzeptables Resultat zu erhalten.

Vorbehandeltes Getreide: Es gibt ein traditionelles Verfahren, um die Bekömmlichkeit des Getreides noch zu verbessern. Dies ist das Darren: das Getreide wird leicht angefeuchtet und anschliessend bei milder Hitze unter Rühren bzw. Rütteln in der trockenen Pfanne oder im Backofen wieder getrocknet. Das Darren ist zeitaufwendig, es dauert in der Regel 20 bis 60 Minuten. Es bewirkt eine Intensivierung des Geschmacks. Ein Teil der im Getreide enthaltenen Stärke wird in Zuckerarten umgewandelt (dextriniert), dadurch wird das Getreide leicht süsslich und noch besser verdaulich. Nach dem Darren wird das Getreide nach einer der beschriebenen Methoden zubereitet.
Wegen der Aufwendigkeit dieses Verfahrens empfehle ich, jeweils grössere Mengen Getreide auf einmal zu darren und den Überschuss als Vorrat aufzubewahren. Auf dem Markt sind auch einige hochwertige Produkte erhältlich, die nach diesem oder einem ähnlichen Verfahren hergestellt sind. Es sind dies in erster Linie die verschiedenen Thermo-Produkte (S. 105) und das orientalische Bulghur oder Pil-Pil aus Hartweizen.

Ratschläge zur Getreideernährung

Die wenigsten Leute sind es gewöhnt, beim Essen gründlich zu kauen. Dies ist eine der wichtigsten Ursachen dafür, dass das unverarbeitete Getreide in der menschlichen Ernährung noch nicht den ihm gebührenden Stellenwert hat.
Gut zubereitete Getreidekörner sind in vieler Hinsicht unübertroffen. Wenn man sich diese Vorteile aber regelrecht erkauen muss, verzichten die meisten Menschen lieber auf die Segnungen des Getreides.
Als Koch und Restaurateur habe ich mich eingehend mit diesem Widerspruch beschäftigt. Die hier präsentierten Rezepte, wie zum Beispiel die Mischungen von Getreide mit Reis oder all die verspielten Getreideverwendungen, sind meine Antwort darauf.

Was die Ernährungsumstellung betrifft, möchte ich Ihnen fast beschwörend ans Herz legen: Vermeiden Sie jede radikale, sprunghafte Umstellung der Ernährung. Machen Sie stattdessen viele kleine Schritte, integrieren Sie das Getreide *langsam* in Ihren Speisezettel. Quälen Sie Ihr Gewissen nicht, wenn Sie wiederholt in alte Essgewohnheiten zurückfallen. Vergessen Sie den tierischen Ernst der Ernährungspropheten! Kochen Sie so schmackhaft, dass allen nur so das Wasser im Mund zusammenläuft. Halten Sie sich immer an die gute Qualität der Produkte: dies wird Sie wie von selbst auf den richtigen Weg leiten.

Tips und Tricks

Damit Sie sich nicht die Fingerspitzen verbrennen

Wo früher Braten, Nudeln und Knödel die unverrückbaren Werte darstellten, weiss man heute vor laufend neuen Erkenntnissen und einander widerstreitenden Ernährungslehren bald nicht mehr, was eigentlich richtig ist. Allzuschnell, so scheint mir, greifen viele nach dem Strohhalm einer neuen Diätlehre, einer (scheinbar) einleuchtenden Ernährungsrichtung. Und dabei verbrennt man sich leicht die Finger...

Unser täglich Brot, die Grundlagen unserer Ernährung, ja des Lebens überhaupt, darf man aber nur mit äusserstem Fingerspitzengefühl antasten und verändern. Unbedachte Eingriffe haben nicht überblickbare Auswirkungen. Was am meisten not tut, ist, einen Massstab zu finden, der den Grundlagen unserer Ernährung gerecht wird und inmitten all der extremen und widersprüchlichen Meinungen von jedem einzelnen angewandt werden kann.

Was liegt hier näher als die eigene Wahrnehmung! Wo das Essen ursprünglich, echt und einfach ist, befindet man sich um einiges näher am Ziel als dort, wo man zuerst komplizierte Erklärungen anhören und Theorien studieren muss, um auf den Geschmack zu kommen. Jedermann ist in der Lage zu erkennen, welche Nahrung Substanz und Kraft besitzt und welche im Gegensatz dazu ihrer wertvollen Inhaltsstoffe beraubt, aufgedunsen und leer ist. Schärfen Sie Ihre Sinne, beobachten und probieren Sie aus, was Ihnen gut tut. Lassen Sie sich durch die vielen Theorien nicht verunsichern. Die meisten greifen einen Teilaspekt heraus und stellen diesen übersimensioniert dar. Nichts ist an sich des Teufels – über Nutzen oder Schaden entscheiden allein das Mass und die Ausgewogenheit der verschiedenen Nahrungsbestandteile.

Über das Abschmecken

Ein Koch oder eine Köchin kann alle Fähigkeiten mitbringen – gute Warenkenntnis, Sorgfalt, Geschick, Organisationstalent –, doch erst das perfekte Abschmecken führt auch zum vollen Erfolg.

Die wichtigsten Grundsätze des Abschmeckens fasse ich in der Praxis in ein vereinfachtes, anschauliches System, jenes der *drei «S»;* es erhebt keinen Anspruch auf eine allgemeine, sondern lediglich auf praktische Gültigkeit.
Jeder vollkommene Geschmack enthält die drei Grundelemente *Süsse, Säure* und *Salz*. Es kommen noch weitere hinzu, wie Aroma, Gerb- und Bitterstoffe,

Schärfe, Alkohol, Fett usw., die Grundlage bilden jedoch immer die drei «S». Ein Geschmack, bei dem eines dieser Elemente fehlt, wird als fade, ausdruckslos oder gar als unangenehm empfunden. Diese drei «S» bilden ein *Beziehungsdreieck,* das heisst, jede Veränderung eines der Elemente wirkt sich auf das Gleichgewicht der beiden anderen aus. Wenn Sie lernen, die drei «S» mit Rücksicht auf das jeweilige Aroma in ein harmonisches Verhältnis zu bringen, werden Ihre Gerichte unübertrefflich munden.

Es ist zu bedenken, dass oft schon feinste Spuren von Süsse, Säure oder Salz auf dem Gaumen ihre Wirkung tun. Sie sind in den Nahrungsmitteln selbst immer schon in verschiedener Stärke enthalten: Knollensellerie etwa zeichnet sich durch einen hohen Mineralstoffgehalt (Salz) aus, die Tomate durch ihre natürliche Fruchtsäure und die Zwiebel durch ihre Süsse.
Das Abschmecken bedeutet dann nur noch das feine Abstimmen der Geschmackskomponenten *Süss, Sauer* (darunter fällt auch die Schärfe) und *Salzig,* wobei die Grundkomposition bereits vom Rezept gegeben ist. Beim Abschmecken werden meistens mit den kleinsten Spuren die grössten Wirkungen erzielt.
Durch das Abschmecken lassen sich aber auch bewusst Kontraste setzen, indem einzelne Bestandteile eines Gerichtes (auch bei den Desserts!) betont süss, sauer oder salzig gehalten werden, und erst das Zusammenspiel aller Komponenten wiederum eine geschmacklich ausgewogene Einheit bildet.

Aus Kontrast und Wechselspiel entsteht erst der Reiz und die Schönheit des Lebens. Die Nahrung ist dazu da, die Lebenskraft und die Lebenslust zu stärken und unterliegt denselben Gesetzen. Ohne Vielfalt an Farben, Formen, unterschiedlicher Konsistenz, ohne Duft und Geschmack, ohne den Wechsel von Hitze und Kälte, ohne Liebe und Ideen ist auch die Nahrung leer und tot.

Salz und Pfeffer sind das Alpha des Abschmeckens, nicht aber das Omega – im Gegenteil, es bleibt noch viel zu entdecken.
Über ein Thema schweigen die meisten Köche und Kochbücher, nämlich die Verwendung von verschiedenen Geschmacksverstärkern, Extrakten und Fertigbouillons. Es handelt sich dabei um natürliche Gärungsprodukte von Getreide und Hülsenfrüchten, Melasse, Hefe und ähnlichem sowie von Gemüse. Ich kenne kaum einen Koch, der in der Praxis ohne solche Aromaten auskommt, und erst recht keine Hausfrau. Gegen einen gezielten und sparsamen Einsatz solcher Hilfsmittel, besonders in der rein vegetarischen Küche, wo manchmal geschmacklich der «Boden» fehlt, ist nichts einzuwenden. Die Küchentradition ist voll solcher «Geheimmittel». Ich erinnere mich etwa an meine Zeit in Sizilien, wo ich nach traditioneller, regionaler Art eine unschlagbare Sardellenwürze herstellte.

Und die unvermeidliche Zwiebel: Ein grosser Teil der Rezepte in der herkömmlichen Küche beginnt mit dem Anschwitzen von Zwiebeln. Dies bewirkt, dass vieles auch herkömmlich und eintönig nach angeschwitzten Zwiebeln schmeckt. Verzichten Sie einmal darauf und entdecken Sie, welcher Reichtum an Geschmacksnuancen auch ohne angeschwitzte Zwiebeln möglich ist.

Praktisches

Beim Verwenden von *Nüssen* oder *Samen* (Sesam, Sonnenblumenkerne) wird oft empfohlen, diese zuerst zu rösten. Statt sie in der Bratpfanne anbrennen zu lassen, rösten Sie sie besser auf einem Backblech im auf 150 °C vorgeheizten Backofen. Immer wieder am Backblech rütteln, damit sie sich wenden und regelmässig geröstet werden. Zwischendurch ein Nüsschen naschen, um die Röststufe zu überprüfen. Herausnehmen, sobald sie angenehm kräftig duften. Sie müssen aber einrechnen, dass das Röstgut durch Eigenhitze noch etwas «nachzieht».

Beim Blanchieren von *Blumenkohl* können Sie die gelegentlich auftretende gräuliche Verfärbung vermeiden, indem Sie eine halbe ausgepresste Zitronenschale mitkochen. Dies gilt jedoch nur für Blumenkohl; bei allen grünen Gemüsen würde so die Farbe ausgebleicht.

Beim Entkernen von *Kürbis* scheuen Sie nicht die Mühe, die grossen Kerne in Wasser einzulegen, um Reste von Kürbisfleisch zu entfernen, und die Kerne dann an der Sonne oder im Backofen bei 80 °C zu dörren. Ihre und des Nachbarn Kinder werden ihre Freude daran haben. Es sind diese kleinen Esserlebnisse in der Kindheit, die das spätere Gespür für etwas Echtes, Unverfälschtes wecken.

Unterlegen Sie eine *Schüssel,* in der Sie eine Masse aufschlagen oder etwas vermischen, immer mit einem feuchten Küchenlappen. Auf diese Weise rutscht die Schüssel nicht und Sie haben beide Hände frei zum Arbeiten.

Beim Schlagen von *Eiweiss* wird Ihre Mühe nicht immer von Erfolg gekrönt. Dies kann verschiedene Ursachen haben: Schon eine kleine Spur von Eigelb, eine Spur Fett in der Schüssel oder am Schneebesen genügen, um die Bildung von Schnee zu verhindern. Am besten wird der Eischnee, wenn das Eiweiss nicht kalt ist, Sie eine Prise Salz dazugeben und am Anfang langsam schlagen. Erst beschleunigen, nachdem sich der erste Schaum gebildet hat. Das Schlagen muss man im besten Augenblick aufhören können, bevor es den Schnee wieder zerreisst und er erneut flüssig wird.

Neben Wein sind *Champagner, Wermut, Sherry, Muskateller und die verschiedensten Südweine* auch in der Naturküche nicht zu verschmähen. Sie sind Naturprodukte, die uns im Bemühen um eine ansprechende, abwechslungsreiche Kost als wertvolle Aromaträger gute Dienste leisten.

Der korrekte Umgang mit *Paprikapulver* setzt die Kenntnis folgender Sachverhalte voraus: Um die optimale Konsistenz und Geschmacksentfaltung zu erreichen, muss Paprika immer zuerst im warmen Fett aufgelöst und klumpenfrei gerührt werden, bevor Flüssigkeit hinzukommt. Das Paprikapulver darf während des ganzen Kochvorgangs nie zu stark erhitzt werden, da es sonst verbrennt und bitter wird.

Den Geschmack vieler *Gewürze,* vor allem von Samen und robusteren trockenen Blättern, kann man vor der Verwendung noch aktivieren. Dazu werden die Gewürze und alle weiteren beizugebenden Zutaten bereitgestellt. Die Kochpfanne wird trocken erhitzt. Dann gibt man die Gewürze hinein – die robusteren zuerst, die feineren zuletzt – und erhitzt sie unter Rütteln, damit sie nicht einseitig verbrennen. Sobald die feinen Gewürzdüfte aufsteigen, die nachfolgenden Zutaten beigeben.

Beim *Kochen* immer ein Glas kaltes Wasser bereithalten, für alle Fälle; das erspart Ihnen unnötige und überhastete Reaktionen. Wenn einmal etwas anzubrennen oder überzukochen droht, sei es Milch, Sauce, Teigwaren oder eine Gemüsebouillon, die zu flott sprudelt – mit einem Schuss Wasser bringen Sie gelassen alles wieder ins Lot.

Das *Sautieren,* das heisst kurz Andünsten oder rasch Anbraten, dient dazu, durch plötzliche Hitzeeinwirkung die Poren zu schliessen, sie zusammenzuziehen. Das Kochgeschirr muss leer und trocken auf die benötigte Temperatur erhitzt werden, bevor das Kochgut hineinkommt. Ob die nötige Hitze erreicht ist, überprüfen Sie, indem Sie die flache Hand knapp über den Pfannenboden halten und die Abstrahlungshitze spüren. Damit das Fett nicht verbrennt, wenn es in die Pfanne kommt, darf es erst einige Sekunden vor den übrigen Zutaten hineingegeben werden. Noch besser ist es, das Kochgut (z.B. Gemüsewürfel) bereits im Fett gewendet in die heisse Pfanne zu geben.

Getreide sollte eher in flachen als in hohen Töpfen zubereitet werden. Insbesondere heikle Sorten wie Hirse oder Buchweizen werden in einem hohen Topf nicht optimal gegart. Der obere Teil wird trocken und hart, während der untere Teil zerkocht und breiig ist. Die Grösse des Kochtopfs sollte so bemessen sein, dass die Höhe des Wasserspiegels nicht mehr als die Hälfte des Topfdurchmessers ausmacht.

Beim *Aufwärmen* von Getreide oder Reis geben Sie stets einen Schuss Wasser dazu. So wird es durch den aufsteigenden Dampf gewärmt und trocknet nicht aus.

Für Saucenrezepte mit *Reisbindung* (siehe S. 84f.) als Grundlage können Sie statt vorgekochtem Reis auch feine Haferflocken nehmen. Diese aufquellen lassen und entsprechend dem Rezept weiterverwenden.

Alle *heissen Saucen,* die emulgiert sind, das heisst Butter oder Öl enthalten, dürfen nach der Zubereitung *nicht mehr zugedeckt* werden, da sie sonst gerinnen. Sollte dies doch einmal geschehen, die ganze Sauce erneut aufkochen, gut durchmixen und mit zusätzlichem Fett aufmontieren, d. h. das Fett nach und nach einarbeiten. Nochmals abschmecken.

Backteig kann durch die Anwendung der Regel der drei «S» (siehe S. 120ff.) nur gewinnen: fügen Sie neben dem Salz auch noch eine kleine Spur Süsse bei und erfrischen Sie ihn mit Weisswein oder Zitronensaft. Genügend Zeit zum Aufquellen macht den Backteig nur besser.

Fett ist ein Stoff, der immer wieder zu Kontroversen Anlass gibt. Fette sind aber lebensnotwendig, und ganz ohne Fett läuft in der Küche gar nichts. Deshalb stellt sich gar nicht die Frage, ob Fett oder nicht, sondern es geht darum, Fett in begrenztem Mass und in bester Qualität zu verwenden. Statt auf Schritt und Tritt jedes Tröpfchen Fett vermeiden zu wollen, versuchen Sie ein entspannteres Verhältnis zum Fett zu finden; gönnen Sie sich zwischendurch sogar etwas Ausgebackenes oder Fritiertes und gleichen Sie es mit fettarmen Beilagen aus.

Blähungen können verschiedene Ursachen haben. Generell gilt, dass bei der Umstellung auf eine faserstoffreiche Ernährung mit unraffinierten Produkten eine andere Verdauungsarbeit gefordert ist. Deshalb können anfangs vermehrt Blähungen auftreten. Vollkorngetreide (vor allem Buchweizen, Roggen und Gerste) ebenso wie Hülsenfrüchte, ungekonnt zubereitet, können ebenfalls zu Blähungen führen. Auch die Kombination von mehreren schwerverdaulichen Speisen, z.B. Kohlgemüse mit schwerem Getreide (wie Gerste oder Roggen) und etwa dazu noch Hülsenfrüchte, kann eine geradezu explosive Wirkung zeitigen. Andererseits wirkt sich auch das Vermischen von naturbelassener Nahrung mit hochraffinierten Produkten (wie z.B. weissem Zucker) sehr ungünstig aus.
Um Verdauungsproblemen vorzubeugen, verwenden Sie *die Verdauung anregende Gewürzsamen und Kräuter,* stellen Sie *ausgewogene Gerichte* zusammen, achten Sie auf eine *sachgerechte Zubereitung* und vermeiden Sie allzu

extreme Schritte. Nicht zu unterschätzen ist auch eine *appetitliche, farbenfrohe Präsentation* der Gerichte, die uns das Wasser im Mund zusammenlaufen lässt und so ebenfalls die Verdauungstätigkeit anregt. Vermeiden Sie hastiges, schlingendes Essen! Auch das Lesen beim Essen führt indirekt zu Blähungen. Achten Sie auf Ihre persönlichen Empfindlichkeiten.

Und zu guter Letzt noch ein Tip, wie Sie den *Kern der Naturküche* erfassen können: Stellen Sie sich vor, die verschiedenen Gemüse und Getreide, die Öle, Nudeln und Gewürze, Ihre Pfannen und Messer seien *lebendige Wesen,* die wahrnehmen können, wie Sie mit Ihnen umgehen. Entwickeln Sie eine *Beziehung* zu ihnen. Sie müssen gar nicht daran glauben, tun Sie's als ein Spiel. Ziehen Sie das einige Wochen durch und beobachten Sie die Reaktionen Ihrer Kostgänger!

Mit Herz am Herd

Innenansicht eines Kochs

Dieses Buch mag Ihnen viel Neues gebracht haben oder Sie haben das meiste bereits gewusst, es mag Sie mässig interessiert oder aber mächtig inspiriert haben: Es ist auf jeden Fall voll von Erklärungen, Beschreibungen, Bildern, Hinweisen und Zahlen. Dies könnte den Eindruck vermitteln, das Kochen sei vor allem eine Sache der Technik und des Wissens. Und das trifft gewiss zu.

Doch die Erfahrung zeigt: Nie hat auch noch so viel Wissen und Können irgendeinen Nutzen für das Leben gebracht, wenn es nicht vom Herzen geleitet wurde. Beim Kochen ist es nicht anders: Der Spass daran, für sich und andere etwas Gutes zuzubereiten, die begeisterte Suche nach den Geheimnissen unbekannter Produkte, das schelmische Präsentieren köstlicher Überraschungen, die diebische Freude an einer noch so kleinen Idee, das leibliche Vergnügen, die Freude, wenn es anderen schmeckt, die Liebe zum Leben mit allen Hochs und Tiefs – das ist der Stoff, aus dem die gute Küche gemacht ist. Wenn solch ein Herz am Herd steht, wird das Essen auch mit wenig Wissen und technischem Können gut schmecken. Und diese stellen sich mit zunehmender Erfahrung von selbst ein.

Alle Nahrung geht durch den Bauch, sie hat mit der Mitte, mit dem Innersten des Menschen zu tun. Entsprechend soll sie auch mit dem Bauch und mit dem Herzen zubereitet werden, nicht mit dem Kopf. Der Bauch ist auch der Sitz des Lachens, und ohne Lachen ist auch die perfekteste, gesündeste Nahrung ein Witz. Seit jeher war das Essen mit entspannter Geselligkeit verbunden. Auch das grösste Engagement, ein hoher Qualitätsanspruch und Sorgfalt beim Kochen dürfen nie und nimmer dazu führen, dass daraus eine tierisch ernste Sache wird.

Entkrampft, fröhlich, keck und leichtfüssig soll das Essen daherkommen, um nicht bloss den Körper, sondern das ganze Wesen des Menschen zu nähren.

Sachwortregister

Über den Autor

Karol Kovacovsky stammt ursprünglich aus Bratislava (Pressburg) in der Tschechoslowakei. Während seines Philosophie-Studiums in Basel und Bern kam er mit den Werken Rudolf Steiners und dadurch mit dem biodynamischen Landbau in Kontakt. Durch die mehrjährige praktische Gärtnerarbeit, die Beschäftigung mit Heilpflanzen und durch das persönliche Erproben verschiedener Ernährungsrichtungen erwarb er sich intime Kenntnisse der Materie. Dies hat ihn zum Koch aus Berufung werden lassen. Im Jahre 1980 war er einer der Gründer des ersten konsequenten Schweizer Vollwert-Restaurants, des Berner «Teestübli». Hier hat er in langjähriger Tätigkeit seinem Kochstil den richtigen Schliff und Glanz verpasst. Danach folgte der Aufbau eines weiteren, inzwischen auch sehr erfolgreichen Restaurants, des «Menuetto» in Bern.

Für den leidenschaftlichen Koch sind die Pflanzen und die Lebensmittel keine tote Materie. Mit seinem Buch möchte er Interesse und Begeisterung wecken für die aufregende Kunst des Kochens.